실용 일본어 작문과
비즈니스 일본어 문서작성

손범기 저

제이앤씨
Publishing Company

머리말

현재 일본은 인구감소 및 고령화로 인하여 경제활동 인구수가 감소하여 외국 인력에 대한 수요가 급증하고 있는데, 그중에서도 한국 인재 채용을 희망하는 기업이 많습니다. 이러한 추세는 코로나 19 이후에도 변함이 없습니다. 하지만 일본 기업에 취업하기 위한 지원 과정에서 일본어로 엔트리시트를 작성하여 자신에 대해서 PR을 해야 하는데 양국의 구직 문화 차이로 인해 어려움을 겪을 수 있습니다. 또한 일본 기업에 취업한 후 또는 국내 기업에서 일하면서 일본 기업을 상대로 일본 문화가 반영된 다양한 비즈니스 메일을 작성하는 것 또한 쉽지 않은 일입니다.

'실용 일본어 작문과 비즈니스 일본어 문서작성'은 이러한 상황을 대비하여 문서작성의 기본이 되는 일본어 문장력을 기르고 이를 바탕으로 취업을 위한 엔트리시트 작성법과 취업 후에 접할 수 있는 다양한 비즈니스 문서 작성법을 배울 수 있게 구성하였습니다.

1과부터 6과까지는 일본어 문장력 향상을 위한 주의 사항, 일본어 경어, 어휘를 중심으로 한국어를 일본어로 번역할 때 주의할 사항에 대해 기본적인 학습을 하도록 구성하였습니다. 7과는 일본 취업에 필요한 엔트리시트 작성 시 주의사항 및 작성 예시를 통하여 엔트리시트 작성의 기본 소양을 터득하도록 구성하였습니다. 그리고 8과부터 13과까지는 비즈니스 문서와 메일의 기본 서식 및 작성 시 주의사항을 학습하고 구체적인 비즈니스 상황에 작성하는 메일의 예시와 표현을 배우도록 구성하였습니다.

본서를 통해서 여러분들의 문장력 향상 및 일본 취업 대비와 취업 후의 현지 적응력을 높이는 효과를 얻을 수 있을 것으로 생각합니다. 아울러 본서의 내용을 담은 강의는 '모두를 위한 열린강좌 KOCW'(저자명으로 검색)에서 무료로 열람하실 수 있습니다.

끝으로 본서가 출간되기까지 도움을 준 佐々紘子 교수님, 김세진 선생님, 윤석현 제이앤씨 대표님, 그리고 최인노 과장님과 제이앤씨 출판사 관계자 여러분께 깊은 감사를 드립니다.

2022년 7월 30일
저자 손범기

목 차

일본어 문장 표현의 기본: 문어체

01_문어체에 대해서

학습내용

- 문어체의 개념
- 문어체와 구어체가 사용되는 상황

학습목표

- 문어체와 구어체의 특징을 비교할 수 있다.
- 다양한 상황에 사용되는 문어체에 대해 이해할 수 있다.
- 문어체에서 사용할 수 없는 축약표현에 대해 이해할 수 있다.

[1] 문어체에 대해서

1) 우리가 일상 생활에서 사용하는 말

- 회화에 사용하는 말과 문장에 사용하는 말로 분류된다.

┌ 구어체: 회화에 사용하는 말
└ 문어체: 문장에 사용하는 말

- 일본어도 마찬가지로 구어체(話し言葉(はなしことば))와 문어체(書き言葉(かきことば))가 사용된다.
- 그런데 왜 일본어 문어체에 대해서 배워야 하나?
    - 중상급 수준의 문장을 구사하기 위해서는 문어체 쓰임법에 대해서도 알아야 할 필요가 있기 때문
    - 비즈니스 일본어 문서는 공적이고 형식을 중시하는 문서로 문어체 표현을 많이 사용함

2) 일본어에서 구어체와 문어체의 차이 비교

구어체		문어체
• 문장의 길이가 비교적 짧고 이해하기 쉬운 어휘를 많이 사용	vs	• 문장이 길고 어려운 단어를 많이 사용
• 도치, 중단, 생략, 어순 변동이 잘 일어남		• 문장 구조가 규칙적, 생략이 거의 없음
• 친한 사이를 제외하고 반드시 「です・ます体」를 사용해야 함		• 상황에 맞춰서 여러 가지가 사용되지만 논문, 공문서 등 딱딱한 문장에는 「である体」를 사용

- 이외에도 구어체는 다음과 같은 특징이 있지만 문어체에는 이러한 특징이 없다.
  - 경어, 감동사(「ああ」, 「まあ」, 「うん」 등), 종조사(「ね」, 「よ」, 「よね」 등), 의문사를 많이 사용한다.
  - 거절, 단정 등의 표현을 할 경우 직설적인 표현을 회피하는 경향이 있다.
  - 문어체와 비교해서, 특히 강조할 경우, 문말에 「~んです」를 많이 사용한다.

[2] 문어체와 구어체가 사용되는 상황

1) 문어체와 구어체가 주로 사용되는 상황

- 구어체는 회화에 사용되는 말, 문어체는 문장에 사용되는 말이라고 하였지만, 현대 일본어에서는 구어체를 문장에 써도 되는 경우가 많다.

문어체가 주로 사용되는 상황	구어체가 주로 사용되는 상황
비즈니스 사내문서(보고서, 기획서 등)	소설, 일기, 에세이, SNS, 블로그
리포트, 과제, 논문	강연, 강의, 연설
비즈니스상 거래 회사나 고객에 보내기 위한 메일, 연하장	친한 친구에게 보내는 메일
신문 기사	캐치프레이즈 「場所に届ける<u>んじゃない</u>。人に届ける<u>んだ</u>」 (クロネコヤマト TV-CM)(장소에 보내는게 아니야. 사람에게 보내는 거야)

2) 문어체를 사용해야 할 경우

① 정확한 전달이 필요하거나 요점만 간결히 표현해야 할 때

② 불특정다수가 읽을 가능성이 높은 문장

③ 뉴스 등의 격식 있는 내용을 말로 전달할 때

④ 일기, 에세이, 강의, 연설은 내용에 따라 문어체를 쓰기도 함

※ 문어체는 다시 부드러운 문어체와 딱딱한 문어체로 구분됨

3) 문어체와 구어체에 사용하는 문체

문어체 문체		구어체 문체
「だ体」/「である体」	vs	「です・ます体」

예) • 「だ体」: これは本だ。(이것은 책이다.)

  • 「である体」: これは本である。(이것은 책이다.)

  • 「です・ます体」: これは本です。(이것은 책입니다.)

  * 「だ体」와 「である体」는 한국어로 구분할 수 없다.

• 문어체라 해도 비즈니스 등에 사용하는 정중한 문서에는 「です・ます体」를 사용한다.

• 구어체에서 친구 등 친한 사이에서는 「だ体」를 사용한다.

• 문어체에서도 논문, 공문서 등 딱딱한 문장에는 「だ体」보다 「である体」를 사용한다.

4) 문체와 관련해서 일본어로 글을 쓸 때 주의해야 할 점

• 상황에 맞는 문체를 사용하여야 한다.

• 문체를 하나로 통일해야 한다.

  - 「だ体」「である体」「です・ます体」 중에 하나를 선택했으면 도중에 다른 문체로 바꾸면 안 된다.

  - 문어체를 사용할 경우 구어체에서 사용하는 축약표현을 사용하면 안 된다.

5) 문어체에서 축약표현은 사용되지 않으므로 원래의 형태를 사용해야 함

축약형	원래 형태	예문
～ちゃ/～じゃ	～ては/～では	食べちゃいけない → 食べてはいけない 学生じゃない → 学生ではない
～てる/～でる	～ている/～でいる	12時正門で待ってる → 12時正門で待っている
～てく/～でく	～ていく/～でいく	これから人口が減ってく → これから人口が減っていく
～とく/～どく	～ておく/～でおく	薬を飲んどく → 薬を飲んでおく
～たげる/ ～だげる	～てあげる/～であげる	絵を描いたげる → 絵を描いてあげる
～ちゃう/ ～じゃう	～てしまう/～でしまう	つい食べちゃった → つい食べてしまった
～なきゃ	～なければ (ならない/いけない)	健康のために朝食を摂らなきゃ(ならない) → 健康のために朝食を摂らなければ(ならない)
～なくちゃ	～なくては (ならない/いけない)	早く行かなくちゃ(ならない) → 早く行かなくては(ならない)
～って＋名詞	～という＋名詞	田中って人 → 田中という人
～って＋動詞	～と＋動詞	男らしいって分かる → 男らしいと分かる
～って	～と(いうの)は	学食って学生食堂のことだ → 学食と(いうの)は学生食堂のことだ
[動ない形] ＋んない	[動ない形]+らない	さっぱり分かんない → さっぱり分からない
～んだ	～のだ	これでいいんだ → これでいいのだ
～もんだ	～ものだ	年を取ると、時間の経つのが早くなるもんだ → 年を取ると、時間の経つのが早くなるものだ

단어

・正門(せいもん) 정문　・人口(じんこう) 인구　・減(へ)る 줄다(주의 1그룹 동사)　・描(か)く (그림을) 그리다　・つい 무심결에　・学食(がくしょく) 학생식당의 준말　・さっぱり 전혀 (부정어 수반)　・経(た)つ 흐르다, 경과하다

02_다양한 문어체 표현

- 문어체 술어 활용(문말 · 문중)
- 문어체 표현(부사, 접속, 의문, 지시)
- 부드러운 문어체 표현, 딱딱한 문어체 표현

학습목표

- 구어체 표현이 문어체에서 어떻게 달라지는지 이해할 수 있다.

[1] 문어체 술어 활용

- 술어는 주어의 동작, 상태, 성질 등을 나타내는 문장 성분을 가리킨다.
- 일본어에서 명사, 형용사(な형용사, い형용사), 동사가 술어로 사용된다.

1) 문말에서 구어체 「です・ます体」 술어와 문어체 「だ体」 「である体」 술어 기본 활용(긍정/부정, 현재/과거)

(1) 명사, な형용사(주의: 문어체 긍정표현에서 「だ体」와 「である体」의 형태가 다른 부분 있음), 문중 긍정 활용에서도 「だ体」와 「である体」가 다른 부분이 있다.

名詞/な形容詞	話し言葉	書き言葉	
	です・ます体	だ体	である体
현재	本です	本だ	本である
현재 부정	本じゃありません	本ではない	
과거	本でした	本だった	本であった
과거 부정	本じゃありませんでした	本ではなかった	
어중(중지)	本で、～	本で、～	本であり、～
어중 부정(중지)	本じゃなくて、～	本ではなく、～	

(2) い형용사(「だ体」와「である体」의 형태가 동일)

い形容詞	話し言葉	書き言葉
	です・ます体	だ体 / である体
현재	寒いです	寒い(「である体」: 良(よ)い)
현재 부정	寒くありません	寒くない
과거	寒かったです	寒かった
과거 부정	寒くありませんでした	寒くなかった

(3) 동사(「だ体」와「である体」의 형태가 동일)

動詞	話し言葉	書き言葉
	です・ます体	だ体 / である体
현재	買います	買う
현재 부정	買いません	買わない
과거	買いました	買った
과거 부정	買いませんでした	買わなかった

2) 문중에서 문어체 술어 활용형

(1) 동사

구어체 → 문어체	예시
動−て → 動マス形	書いて → 書き 연용중지형(連用中止形) (예외: いて → おり)
動−なくて → 動-ず	書かなくて → 書かず (예외: いなくて → おらず / しなくて → せず)
動−ないで → 動-ず(に)	書かないで → 書かず(に) (예외: いないで → おらず / しないで → せず)
〜ていて → 〜ており	書いていて → 書いており
〜ていなくて → 〜ておらず	書いていなくて → 書いておらず

(2) い형용사

구어체 → 문어체	예시
い形−くて → く	広くて → 広く
い形−なくて → なく	明るくなくて → 明るくなく

1) 문법 표현에 나타나는 구어체와 문어체

(1) 부사표현

구어체	문어체
今(いま) 지금	現在(げんざい) 현재
だんだん 점점	次第(しだい)に 점차
やっぱり/やっぱ 역시	やはり 역시
けっこう 꽤	ずいぶん 꽤
あんまり 그다지(부정 호응)	あまり 그다지(부정 호응)
とても/すごく 매우, 몹시/굉장히	大変(たいへん)/非常(ひじょう)に 매우, 몹시 / 매우, 상당히
もっと 더, 더욱	さらに 더욱, 한층
もう 벌써	すでに 이미
いっぱい 가득, 많이	多く 많이
いつも 언제나	常(つね)に 항상

(2) 접속표현

구어체	문어체
だけど 하지만	だが 하지만
でも 하지만	しかし 하지만
だから 그러므로, 그래서	したがって 따라서, 그러므로
それで 그래서	そのため 그 때문에
だって 왜냐면	なぜなら 왜냐 하면
じゃあ 그러면	では 그러면
AとかB A라든가 B	AやB A나 B
～から/ので ～이니	～ため(に) ～때문에
～なんか ～등, ～따위	～など ～등, ～따위
～たら ～면	～ば/～と ～면
～けど ～이지만	～が ～이지만
～とき ～(할) 때	～際(さい) ～(할) 시, 즈음
～みたいだ ～같다	～ようだ ～같다
～みたいに ～같이	～のように ～같이

(3) 의문표현

구어체	문어체
どうして/なんで 왜	なぜ 왜
どんな〜 어떤〜	どのような〜 어떠한〜
どっち 어느 쪽	どちら/いずれ 어느 쪽

(4) 지시표현

구어체	문어체
こっち/そっち/あっち 이쪽/그쪽/저쪽	こちら/そちら/あちら 이쪽/그쪽/저쪽
こんな/そんな/あんな 이런/그런/저런	このような/そのような/あのような 이러한/그러한/저러한
こんなに/そんなに/あんなに 이렇게/그렇게/저렇게	これほど/それほど/あれほど 이렇게/그렇게/저렇게

2) 부드러운 문어체와 딱딱한 문어체 표현

문어체도 일상적인 문장에 사용하는 「부드러운 문어체(柔(やわ)らかい書き言葉)」와 논문, 공문서 등과 같이 격식을 갖춘 문장에 사용하는 「딱딱한 문어체(硬(かた)い書き言葉)」로 나눌 수 있다.

구어체	문어체(부드러운)	문어체(딱딱한)
このごろ 요즘	最近(さいきん) 최근에	近年(きんねん) 근래
−	増(ふ)えている 늘고 있다	増加(ぞうか)している 증가하고 있다
ちょっとでも 조금이라도	少(すこ)しでも 조금이라도	多少(たしょう)でも 다소라도
ときたま 때때로	ときどき 때때로	ときおり 때때로
いろんな〜 여러	色々(いろいろ)な〜 여러 가지	様々(さまざま)な〜, 多様(たよう)な〜 다양한

03_학습정리

1) 일본어의 구어체와 문어체

- 話し言葉: 주로 회화에서 사용하는 말 「です・ます体」
- 書き言葉: 주로 문장에 사용하는 말 「だ体」 / 「である体」
- 하지만 반드시 회화, 문장으로만 구분되지는 않음. 사용하는 상황이나 내용에 따라서 다른 쪽을 사용하기도 함
- 문어체는 다시 부드러운 문어체와 딱딱한 문어체로 구분

2) 일본어로 글을 쓸 때 주의해야 할 점

- 상황에 맞는 문체를 사용하여야 함
- 문체를 통일해야 함
- 문어체 사용 시 구어체의 축약표현을 사용하면 안 됨

3) 다양한 문어체 술어 활용 및 표현

- 문어체 술어 활용(문말・문중) :
  명사/な형용사, い형용사, 동사
- 문어체 표현:
  부사 표현, 접속 표현, 의문 표현, 지시 표현
  부드러운 문어체 표현, 딱딱한 문어체 표현

04_실전 문제

Q1 다음 문장을 구어체와 문어체의 일본어로 바꿔 봅시다.

> **단어**
>
> 태풍 台風(たいふう) / 수업 授業(じゅぎょう) / 끝나다 終(お)わる / 그 彼(かれ)/ 신뢰하다
> 信頼(しんらい)する / 흥미롭다 興味深(きょうみぶか)い / 이야기 話(はなし)

(1) 태풍이 <u>전혀</u> 오지 않는다.

구어체: _____

문어체: _____

(2) 수업은 <u>모두</u> 끝났다.

구어체: _____

문어체: _____

(3) 그는 <u>가장</u> 신뢰할 수 있는 사람이다.

구어체: _____

문어체: _____

(4) <u>대단히</u> 흥미로운 이야기였다.

구어체: _____

문어체: _____

Q 2 밑줄 친 축약표현을 본래의 형태로 바꾸어 봅시다.

(1) このバッグ、持っ<u>てって</u>。(이 가방 가져가.)

_____

(2) このバッグ、持っ<u>てて</u>。(이 가방 가지고 있어.)

_____

(3) 勉強は楽しく<u>なきゃ</u>続かない。(공부는 즐겁지 않으면 지속되지 않는다.)

_____

(4) 今日は学校を休ん<u>じゃおう</u>。(오늘은 학교를 쉬어 버리자.)

_____

(5) 17歳<u>じゃ</u>、お酒は飲ん<u>じゃ</u>だめ。(17살이면 술은 마시면 안 돼.)

_____

(6) 明日のために買い物を<u>しとこう</u>。(내일을 위해서 장을 봐 두자.)

_____

(7) ご飯を奢っ<u>たげる</u>。(밥 사줄게.)

_____

(8) 先輩から奢っ<u>てって</u>言われた。(선배한테 한턱 내라고 들었다.)

_____

Q 3 밑줄 친 구어체 표현을 보기의 문어체 표현으로 바꾸어 봅시다.

단어

(ア)少し　　(イ)のだ　　　(ウ)が　　　　(エ)まったく　(オ)最も　　(カ)なぜ

(キ)やはり　(ク)なければ　(ケ)ならない　(コ)様々な　　(サ)や　　　(シ)ては

(ス)など　　(セ)のようだ　(ソ)多く　　　(タ)あちら　　(チ)非常に　(ツ)分からない

---

(1)　私は方向音痴で、車の運転すること(a)とか地図を読むこと(b)なんか(c)全然できない。(나는 방향치라서 차를 운전하는 것이라든지 지도를 보는 것 등을 전혀 못 한다.)

---

(2)　この漫画は絵が(a)ちょっと落書き(b)みたいだ(c)けど、ストーリーは(d)とても面白い。(이 만화는 그림이 조금 낙서 같지만 스토리는 매우 재미있다.)

---

(3)　難民問題は(a)いろんな角度から見(b)なきゃ(c)なんないことが(d)いっぱいある。(난민 문제는 여러 각도에서 봐야 할 것이 많이 있다.)

---

(4)　今までの人生で(a)いちばん自分を信じてくれた人は(b)やっぱ君しかいない(c)んだ。(지금까지 인생에서 나를 가장 믿어 준 사람은 역시 너 밖에 없어.)

---

(5)　(a)なんで私が(b)あっちへ行っ(c)ちゃいけないのかさっぱり(d)分かんない。(왜 내가 저기에 가면 안 되는지 전혀 모르겠다.)

Q 4 다음 문장의 밑줄 친 부분을 문어체(である体)로 바꾸어 봅시다.

(1) この遊園地は、こどもの日になると、全国各地から人が<u>集まって</u>、大変混雑する。(이 유원지는 어린이날이 되면 전국 각지에서 사람이 모여 매우 혼잡하다.)

_____

(2) この国は、冬は<u>暖かくて</u>、夏は涼しい。
(이 나라는 겨울은 따뜻하고, 여름은 시원하다.)

_____

(3) 息子は宿題<u>もしないで</u>学校へ行ってしまった。
(아들은 숙제도 하지 않고 학교에 가 버렸다.)

_____

(4) 今回のヨーロッパ旅行はロンドンには<u>行かないで</u>、パリに行くつもりだ。
(이번 유럽여행은 런던에는 가지 않고 파리에 갈 생각이다.)

_____

(5) 人の多く集まるところにはAEDが設置され<u>ていて</u>、今まで多くの命が救われた。
(사람이 많이 모이는 곳에는 자동심장충격기가 설치되어 있어 지금까지 많은 생명이 구조되었다.)

_____

(6) 沖縄には鉄道が通っ<u>ていなくて</u>、一家に二、三台車のある家も少なくない。
(오키나와에는 철도가 다니지 않아 한 집에 2, 3대 차가 있는 집도 적지 않다.)

_____

(7) これは<u>本で</u>、それはノート<u>だ</u>。 (이 것은 책이고 저 것은 공책이다.)

_____

・続(つづ)く 지속되다 ・~歳(さい) ~세 ~살 cf. 대체 한자로 「才(さい)」를 사용하기도 함 ・奢(お

ご)る 한턱 내다 ・言(い)われる (말을) 듣다 (言う의 수동형) ・方向音痴(ほうこうおんち) 방

향치 ・地図(ちず)지도 ・漫画(まんが) 만화 ・落書(らくが)き 낙서 ・難民(なんみん) 난민

・角度(かくど) 각도 ・遊園地(ゆうえんち) 유원지 ・こどもの日 어린이날 ・各地(かくち)

각지 ・混雑(こんざつ) 혼잡 ・AED(エーイーディー) 자동심장충격기 自動体外式除細動器(じどう

たいがいしきじょさいどうき) ・命(いのち) 목숨, 생명 ・救(すく)う 구조하다 ・鉄道(てつどう)

철도 ・通(とお)る 뚫리다, 개통되다 ・一家(いっか) 한 집 ・~台(だい) ~대(차, 가전제품(티비,

세탁기, 컴퓨터) 등)

구두법, 건강 관련 어휘

01_구두법에 대하여

학습내용

- 일본어 문장 부호 사용법
- 두점의 사용법

학습목표

- 다양한 일본어 문장 부호와 그 사용법인 구두법을 이해할 수 있다.
- 이해하기 쉬운 문장을 구성하기 위한 두점의 사용법을 이해할 수 있다.

[1] 구두법

1) 구두법(句読法(くとうほう))

- 구두점(句読点(くとうてん)) 사용 규칙
- 일본어의 포괄적인 문장 부호 사용 규칙
- 일본어 문장을 바르고 이해하기 쉽게 쓰기 위해서는 문장 부호 사용 규칙을 알아두어야
  한다.

2) 일본어의 대표적인 문장 부호 및 명칭

문장부호	명칭	
。	句点(くてん)、まる	(구점, 고리점)
、	読点(とうてん)、点	(두점, 모점)
「　」	かぎかっこ	(낫표)
『　』	二重かぎかっこ	(겹낫표)
・	中点(なかてん)	(가운데 점)
＜ ＞	やまかっこ	(홑꺾쇠표)
―	中線(なかせん)	(줄표)
……	点線(てんせん)	(줄임표)
？	疑問符(ぎもんふ)	(물음표)
！	感嘆符(かんたんふ)	(느낌표)
（　）	(まる)かっこ	((소)괄호)

3) 문장 부호의 사용법

- 。(句点/まる)
  - 문장이 완전히 종결될 경우에 사용한다.
  - 「」안의 문장이 종결될 때는 수의적으로 사용한다.

- 、(読点/点)
  - 문장 의미를 올바로 이해하거나 읽기 쉽게 하기 위해 사용한다.
  - 구체적인 사용법은 이후에 설명한다.

- 「　」(かぎかっこ)
  - 인용 부분을 나타낼 때 사용한다.(구점 사용은 수의적)
  - 강조하고 싶은 부분을 나타낼 때 사용한다.
    예1 信二は「あなたのことが好きです」と花に告白した。
    　　(신지는 "당신을 좋아합니다"라고 하나에게 고백했다.)
    예2 その「元気になる野菜」というのはいったい何ですか。
    　　(그 '기운 나는 채소'라는 게 도대체 무엇이죠?)

- 『　』(二重かぎかっこ)
  - 책, 신문, 잡지 등의 제목, 상호에 사용한다.

- 「」안에 다시 인용할 경우에 사용한다.

　　예1 村上春樹の新作『騎士団長殺し』を読みました.

　　　　(무라카미 하루키의 신작 '기사단장 죽이기'를 읽었습니다.)

　　예2 「日本人は『はい』や『いいえ』とはっきり言わないので理解しにくい」という

　　　　意見があります. ('일본인은 '네', '아니오'라고 확실히 말하지 않아서 이해

　　　　하기 어렵다'라는 의견이 있습니다.)

- ・(中点)
　- 단어를 여러 개 나열할 때 사용한다. (「、」대신 쓰거나 병용함)
　- 외래어에서 구분을 나타낼 때 사용한다.

　　예1 論文は序論・本論・結論という三つの部分から構成される.

　　　　(논문은 서론, 본론, 결론이란 세 부분으로 구성된다.)

　　예2 エイブラハム・リンカーンは、第16代アメリカ合衆国大統領である.

　　　　(에이브라햄 링컨은 제16대 미합중국 대통령이다.)

- 〈 〉(やまかっこ)
　- 강조하고 싶은 어구에 사용한다.

　　예 〈完全攻略〉資産運用の仕方. (완전공략! 자산운용 방법)

- ―(中線)
　- 어구 설명 및 삽입구 전후에 사용한다.

　　예 「雨が降っている―あの日と同じだ」(비가 내리고 있다―그 날과 같다.)

- ……(点線, 三点リーダー(…))
　- 생략, 침묵을 나타낼 때 사용한다.

　　예 「……そういうことか」(…… 그런 거야?)

- ?(疑問符)
　- 의문과 반문을 나타낼 때 사용한다.

- ! (感嘆符)
  - 감동, 놀람, 비꼼 등의 감정을 나타낼 때 사용한다.

- ( ) ((まる)かっこ)
  - 설명이나 주기를 첨부할 때 사용한다.

[2] 문장 이해도를 높이기 위한 두점 찍기

1) 두점 사용법
- 、(読点/点)
  - 문장 의미를 올바로 이해하거나 읽기 쉽게 하기 위해 사용한다.
  - 구체적인 사용법은 다음과 같다.

(1) 같은 종류의 어구 및 단어를 나열할 경우에 사용한다.
  예 日本語の人称代名詞は、私、あなた、彼、彼女などがある。
  (일본어 인칭대명사는 私(나), あなた(당신), 彼(그), 彼女(그녀) 등이 있다.)

(2) 문장 앞에 오는 접속어나 부사, 감동사 뒤에 사용한다.
  예 A: それで、あなたはその男を見たんですか。
  B: はい、確かにこの目で見ました。
  (A: 그래서 당신은 그 사내를 본 겁니까?
  B: 네, 확실히 이 눈으로 보았습니다.)

(3) 중지, 원인, 이유, 조건, 역접 등 문장의 도중에 끊김이 있는 곳에 사용한다.

예1 息子は宿題もせず(に)、学校へ行ってしまった。

(아들은 숙제도 하지 않고 학교에 가 버렸다.)

예2 駅まで歩いて5分しかかからないので、とても便利だ。

(역까지 걸어서 5분 밖에 걸리지 않기 때문에 매우 편리하다.)

예3 まっすぐ行くと、左側にスーパーマーケットが見えてきます。

(직진하면 왼쪽에 슈퍼마켓이 보입니다.)

2) 의미 혼동을 막기 위하여 찍는 두점

(1) 복수의 의미로 혼동되는 것을 방지

• 여러 가지 의미로 읽힐 수 있는 문장은 하나의 의미만 나타내도록 두점을 찍어야 한다.

예1 健太は自転車で走っていって転倒した美智子を助け起こした。

(켄타는 자전거로 달려{가다/가서} 넘어진 미치코를 부축해서 일으켜 세웠다.)

• 자전거로 달려간 사람은 누구인가?

→ 자전거로 달려 간 사람 = 켄타

예1-1 健太は自転車で走っていって、転倒した美智子を助け起こした。

→ 자전거로 달려 간 사람 = 미치코

예1-2 健太は、自転車で走っていって転倒した美智子を助け起こした。

예2 太郎は次郎と花子をほめた。(타로는 지로와 하나코를 칭찬했다.)

• 타로가 칭찬한 사람은 누구인가?

→ 타로가 지로와 하나코 두 사람을 칭찬하다.

예2-1 太郎は、次郎と花子をほめた。

→ 타로와 지로가 하나코를 칭찬하다.

예2-2 太郎は次郎と、花子をほめた。

예2-3 太郎は、次郎と一緒に、花子をほめた。

예3 その時に英語を勉強しておけばよかったと思った。

(그 때 영어를 공부해 두었다면 좋았을 거라 생각했다.)

• 그 때(その時)는 무엇을 하던 때인가?

　　　　→ その時 ⇒ 思った

예3-1　その時に、英語を勉強しておけばよかったと思った。

　　　　→ その時 ⇒ 英語を勉強しておけばよかった

예3-2　その時に英語を勉強しておけばよかった、と思った。

(2) 문장 주어와 수식절과의 혼동 방지

- 문장 주어와 수식절이 나란히 있을 경우 문장 주어 뒤에 두점을 찍어 수식절 술어 해석의 혼동을 방지한다.

예4　健太は、道で転倒して怪我をしてしまった美智子を助け起こした。

　　　(켄타는 길에서 넘어져서 다친 미치코를 부축해서 일으켜 세웠다.)

　　　→ 두점(、)이 없으면「道で転倒して怪我をしてしまった」까지 읽었을 때 다친 주체가 켄타로 해석될 수 있다.

예5　昨日太郎は、誕生日を迎えた花子を祝った。

　　　(어제 타로는 생일을 맞이한 하나코를 축하했다.)

　　　→ 두점(、)이 없으면「誕生日を迎えた」까지 읽었을 때 생일을 맞이한 주체가 타로로 해석될 수 있다.

예6　山田さんが、食器を洗った鈴木さんにお礼を言った。

　　　(야마다 씨가 설거지를 한 스즈키 씨에게 감사 인사를 하였다.)

　　　→ 두점(、)이 없으면「食器を洗った」까지 읽었을 때 설거지를 한 주체가 야마다 씨로 해석될 수 있다.

단어

・転倒(てんとう)する 넘어지다　・助(たす)け起(お)こす 부축해서 일으켜 세우다　・ほめる 칭찬하다　・怪我(けが)をする 다치다, 부상을 입다　・迎(むか)える 맞이하다　・祝(いわ)う 축하하다　・お礼(れい)を言(い)う 감사 인사를 하다

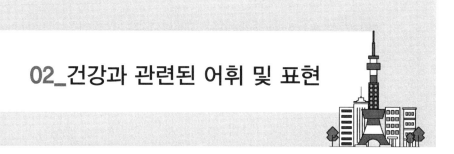

02_건강과 관련된 어휘 및 표현

학습내용

- 한국인 학습자가 틀리기 쉬운 건강 관련 일본어 어휘
- 한국어 다의어 동사의 일본어 번역

학습목표

- 한국어와 일본어의 건강 관련 어휘 차이를 알 수 있다.
- 한국어 다의어 동사의 구체적인 의미를 이해하여 일본어로 번역할 수 있다.

[1] 건강 관련 어휘

※ ◎(가장 적절함), ○(사용됨), △(일부에서는 사용되지만 일반적이지 않음), ×(해당 의미로 사용되지 않음)

1) 질병

(1) 일사병(日射病), 열사병(熱射病)

→ ◎ 熱中症(ねっちゅうしょう): 고온인 장소에서 발생하는 열 장애의 총칭

→ ○ 日射病(にっしゃびょう): 실외 직사광선에 장시간 노출되어 체온 상승

→ ○ 熱射病(ねっしゃびょう): 실내(밀폐된 장소, 차 안)의 고온에 의해 체온 상승

(2) 간암(肝癌)

→ ◎ 肝臓がん(かんぞう−), △ 肝がん(かんがん)

- 간: 肝臓(신체 장기), レバー(음식)
  cf. 간염 ▶ 肝炎(かんえん),
      유방암 ▶ 乳がん (にゅう-),
      자궁암 ▶ 子宮頚がん(しきゅうけい-) '자궁경부암'이란 의미로

(3) 공황장애(恐慌障碍)
  → ◎ パニック障害(しょうがい)
  → △ 恐慌性障害(きょうこうせい-) 의학전문용어

(4) 독감(毒感)
  → インフルエンザ, インフル
      cf. 조류독감 ▶ 鳥インフルエンザ

(5) 우울증(憂鬱症)
  → ◎ うつ病(びょう)・うつ, × 憂うつ症
  • 우울하다: 憂うつだ, 気分がめいる
      cf. 산후 우울증 ▶ 産後うつ(病)(さんご-), マタニティーブルー
          혼전 우울증 ▶ マリッジブルー

(6) 치매(痴呆)
  → ◎ 認知症(にんちしょう)
  → △ 痴ほう(ちほう) 옛날 용어

2) 증상
  (1) 붓다
      → はれる: 염증 등으로 인해 피부나 점막이 붓는 증상, 목이 붓다, 모기에 물려 붓다
      → むくむ: 체액이 쌓여 몸의 일부 또는 전체가 붓는 것, 부종
          cf. 명사형: はれ, むくみ. 눈에는「目がはれる」만 사용

  (2) 아프다
      → △ 痛(いた)い

→ ◎ 体の具合(ぐあい)が悪い・体調(たいちょう)が悪い・体調不良(－ふりょう)だ・
　　病気だ
→ ◎ ○○が痛い　(대상을 명시해야 함)
　　cf. 통증 ▶ 痛み (「痛む」동사연용형의 명사화)
　　　　가려움 ▶ 痒(かゆ)み (형용사 어간＋－み(명사화 접미사))

(3) 속이 쓰리다
　　→ 胸焼け(むねやけ)がする
　　　• 주로 逆流性食道炎(ぎゃくりゅうせいしょくどうえん)에 의함. 명사형 胸焼け
　　　　(속 쓰림)
　　→ 胃がもたれる
　　　• '속이 더부룩하다, 체하다'의 의미도 있다.
　　　　cf. 명사형: 胃もたれ(속 쓰림, 체함)

(4) 냄새를 못 맡다
　　→ × 匂(にお)いが嗅(か)げない
　　→ ◎ 匂いが分からない, 匂いを感じない

(5) 피로
　　→ 疲(つか)れ, 疲労(ひろう)
　　　cf. 피로가 쌓이다 ▶ 疲れがたまる
　　　　　피로가 풀리다 ▶ 疲れがとれる

[2] 한국어 다의어 동사 번역

1) 다의어 동사는 번역 시 주의해야 함
　예) 보다, みる
　　• 시각으로 대상을 지각하다 (보다＝みる)
　　　본 적 없는 새가 있다. ⇔ 見たことのない鳥がいる。

- 판단하다 (보다 = みる)

  세상을 우습게 <u>보다</u>. ⇔ 世間を甘く<u>みる</u>。

- 진찰하다 (보다 = みる)

  의사가 환자를 <u>보다</u>. ⇔ <u>医者が患者を診る</u>。

- 경험하다 (보다 = みる)

  쓴 맛을 <u>보다</u>. ⇔ <u>痛い目を見る</u>。

- 사람을 만나다 (보다 ≠ みる)

  내일 <u>봅시다</u>. ⇔ <u>明日会いましょう</u>。

- 물건을 사다 (보다 ≠ みる)

  장을 <u>보다</u>. ⇔ <u>買い物をする</u>。

- (피해를) 입다 (보다 ≠ みる)

  손해를 <u>보다</u>. ⇔ 損害を<u>被(こうむ)る</u>。

  한 번만 <u>봐주세요</u>. ⇔ 今回だけは<u>許してください</u>。

  ⇔ 今回だけは<u>大目に見てください</u>。

Point '보다, みる'의 예를 보면 구체적인 의미에 대응하는 동사를 사용해야 할 필요가 있다.

2) 꼽다, 꼽히다

(1) '꼽다'의 구체적인 한국어 의미

- 수나 날짜를 세려고 손가락을 하나씩 헤아리다.
- 골라서 지목하다. 제시하다.

(2) 꼽히다('꼽다'의 피동형)의 구체적인 한국어 의미

- 어떤 범위나 순위 안에 들다.
- 골라서 지목되다.

(3) '꼽다'와 '꼽히다'에 대응하는 일본어

- 꼽다: 数える, 選ぶ, 挙げる
- 꼽히다: 数えられる, 選ばれる, 挙げられる(이상, 수동형(受身)) + 入る

(3-1) 꼽다 → 数える(타동사)

- (손꼽아) 세다, 헤아리다
- 「数字を数える」(숫자를 꼽다)
- 사전에는 '꼽다'의 번역으로 「指折(ゆびお)り数える」가 나오는데 '하루하루 손꼽아 기다리다'라는 의미의 관용표현으로 많이 사용

(3-2) 꼽다 → 選ぶ(타동사)

- 많은 것들 중에서 기준에 들어맞는 것을 골라내는 것
- 「学級委員に田中くんを選ぶ」(반장으로 다나카 군을 꼽다)

(3-3) 꼽다 → 挙げる(타동사)

- 명칭, 사실, 예, 수치 등을 구체적으로 제시하다
- 「社会問題として一人親家庭の貧困問題を挙げた者が多かった」

  (사회문제로 한부모 가정의 빈곤문제를 꼽은 사람이 많았다)

(3-4) 꼽히다 → 数えられる, 選ばれる, 挙げられる

- 「ピラミッドは世界七不思議の一つに数えられる」

  (피라미드는 세계 7대 불가사의의 하나로 꼽힌다)
- 「優勝候補として挙げられるチームだ」(우승후보로 꼽히는 팀이다)
- 「タピオカミルクティーが今年の最新トレンドに選ばれた」

  (버블티가 올해 최신 트렌드로 꼽혔다)

(3-5) 꼽히다 → 入る(자동사)

- (범위에) 들다
- 「彼はこの分野では五本の指に入るほどの研究者だ」

  (그는 이 분야에서는 다섯 손가락 안에 꼽힐 만한 연구자다)

3) 풀리다

(1) '풀리다'의 구체적인 한국어 의미

- 묶이거나 감기거나 얽히거나 합쳐지거나 싸인 것 등이 도로 원래의 상태가 되다.
- 마음속에 생겨난 안 좋은 감정이나 기분 등이 없어지다.
- 금지되거나 제한된 것이 자유롭게 되다.
- 피로나 독기 등이 없어져 몸이 정상적인 상태가 되다.
- 얼음이 녹거나 추운 날씨가 따뜻해지다.

(2) '풀리다'에 대응하는 일본어

ほどける, おさまる, 緩和(かんわ)される, 取れる, 暖かくなる

(2-1) 풀리다 → ほどける(자동사)

- 매듭, 솔기 등이 풀리다
- 「帯がほどける」(띠가 풀리다)
- 「結び目がほどける」(매듭이 풀리다)

(2-2) 풀리다 → おさまる(자동사)

- 마음이 안정되다. 기분이 가라앉다
- 「怒りがおさまる」(화가 풀리다)
- 「気持ちがおさまる」(기분이 풀리다)

(2-3) 풀리다 → 緩和(かんわ)される

- 엄중한 상태가 누그러지다
- 「規制が緩和される」(규제가 풀리다)

(2-4) 풀리다 → 取れる(자동사)

- 바람직하지 않은 상태가 사라지다.
- 「疲れが取れる」(피로가 풀리다)

(2-5) 풀리다 → 暖かくなる

- 기온이나 온도가 서서히 올라가다.
- 「少し暖かくなってきた」(조금 날씨가 풀렸다)
- 「{天気/気温が} {暖かくなる/寒くなる}」는 부적절
- {暖かい/寒い}気候(きこう)는 적절함
- '풀리다'의 의미로 「和(やわ)らぐ」도 사용가능
- 「寒さが和らぐ」(추위가 풀리다, 기온↑)
- 「暑さが和らぐ」(더위가 수그러들다, 기온↓)

  cf. 한국어 '풀리다'는 '따뜻해 짐'만을 나타냄 (수그러들다, 누그러들다)

단어

· 学級委員(がっきゅういいん) 학급임원, 반장 · 一人親家庭(ひとりおやかてい) 한 부모 가정 · 貧困(ひんこん) 빈곤 · 世界七不思議(—ななふしぎ) 세계 7대 불가사의 · 候補(こうほ) 후보 · 最新(さいしん) 최신 · 帯(おび) 띠 · 結(むす)び目(め) 매듭 · 怒(いか)り 분노, 화

03_학습정리

1) 일본어 문장 부호 사용법: 구두법

- 일본어 문장을 바르고 이해하기 쉽게 쓰기 위해서는 알아두어야 함
- 。(句点), 、(読点), 「」(かぎかっこ), 『』(二重かぎかっこ), ・(中点, ＜＞(やまかっこ), ―(中線), ……(点線), ?(疑問符), !(感嘆符), ( )((まる)かっこ)

2) 두점: 문장 의미를 올바로 나타내기 위하여 사용

- 같은 종류의 어구 및 단어를 나열
- 문장 앞에 오는 접속어나 부사, 감동사 뒤에 사용
- 중지, 원인, 이유, 조건 등 문장의 도중에 끊김이 있는 곳에 사용
- 복수의 의미로 혼동되는 것을 방지
- 문장 주어와 수식 절과의 혼동 방지

3) 한국인 학습자가 혼동하기 쉬운 건강 관련 어휘

- 일사병, 열사병 ▶ 熱中症
- 간암 ▶ 肝臓がん
- 공황장애 ▶ パニック障害
- 독감 ▶ インフルエンザ
- 우울증 ▶ うつ病
- 치매 ▶ 認知症
- 붓다 ▶ はれる・むくむ
- 아프다 ▶ 体の具合が悪い・○○が痛い
- 속이 쓰리다 ▶ 胸焼けがする・胃がもたれる
- 냄새를 못 맡다 ▶ 匂いが分からない

- 피로 ▶ 疲れ

4) 한국어 다의어 동사의 일본어 번역

- 꼽다: 数える, 選ぶ, 挙げる
- 꼽히다: 数えられる, 選ばれる, 挙げられる, 入る
- 풀리다: ほどける, おさまる, 緩和される, 取れる, 暖かくなる

04_실전 문제

Q 1 다음 문장에 적절한 문장 부호를 넣어 봅시다.

(1) この地方の名産物はぶどうりんごすいかだ

(2) 先生は今はわからなくてもいいと言った

(3) 彼は止まれと言ったすると車の動きが止まった

(4) 弟が沖縄旅行から帰ってきた友人にもらったお土産を分けてくれた

(5) 黒澤明は羅生門七人の侍など30本の監督作品を生み出しアカデミー賞を受賞した
映画監督である

(6) 今日も暑い中学校にサッカーの練習に行った

Q 2 두점의 위치를 바꿔서 이해하기 쉬운 문장으로 고쳐 봅시다.

(1) 最近の子どもたちが、いちばん嫌いな野菜はピーマンではなくてトマトだそうだ。

(2) 弟はワールドカップに出場して、得点王になった選手に似ている。

(3) 筋肉痛によく効く薬を、買ってみたが全然効果がなかった。

(4) 彼女が探していた死んだ父の、形見は弟が持っていたそうだ。

Q 3 다음 문장을 일본어로 바꾸어 봅시다.

(1) 벌에 쏘여서 오른손이 부었다.

(2) 간암은 중년 남성 사망 원인 1위로 꼽힌다고 한다.

(3) 간암은 장기간 과음보다 만성 B형 간염과 만성 C형 간염 탓에 생기는 경우가 12배 더 많다고 한다.

_____

(4) 어렸을 때는 자주 아팠다.

_____

(5) 대학생이 우울증을 겪는 가장 큰 원인은 극심한 경쟁 때문이다.

_____

(6) 매년 치매 환자가 늘고 있다.

_____

(7) 속이 쓰려서 의사에게 위장약을 처방받았다.

_____

(8) 각지에서 독감이 맹위를 떨치고 있다.

_____

(9) 연예인이 공황장애에 걸리기 쉬운 이유의 하나로 불규칙한 생활을 꼽을 수 있다.

_____

Q 4 다의어 동사의 의미에 주의하면서 다음 문장을 일본어로 바꾸어 봅시다.

(1) 정년 퇴직할 날을 꼽아 보았다.

_____

(2) 반 아이들은 반장으로 철수를 꼽았다.

_____

(3) 전문가들은 한국의 현안 문제로 정치, 경제 문제를 꼽았다.

_____

(4) 기온 마츠리는 일본 삼대 마츠리 중 하나로 꼽힌다.

_____

(5) 풀리지 않도록 신발 끈을 단단히 묶었다.

_____

(6) 각종 규제가 풀려서 은행 대출이 보다 쉬워졌다.

_____

(7) 긴 여행으로 쌓인 여독이 풀렸다.

_____

(8) 일기 예보에 따르면 내일은 날씨가 풀린다고 한다.

_____

실전 연습 단어

・名産物(めいさんぶつ) 특산물 ・~てもいい ~해도 된다, 괜찮다(허용, 허가) ・~に行く [동사 ます형, 동작명사] ~하러 가다 ・刺(さ)される (벌) 쏘이다, (모기) 물리다 ・中年(ちゅうねん) 중년 (약 40-55세의 연령층) ・AよりBの方が~ (비교)A보다 B가 ~ ・慢性(まんせい) 만성 ・型(がた) ~형 ・かかる (질병) 걸리다 ・子どもの頃(ころ)・幼(おさな)い頃 어렸을 때(적) ・~せいだ (부정적) 때문이다 ・胃薬(いぐすり) 위장약 ・処方(しょほう) 처방 ・猛威(もうい)をふるう 맹위를 떨치다 ・芸能人(げいのうじん) 연예인 ・定年退職(ていねんたいしょく) 정년 퇴직 ・クラス 반, 학급 ・学級委員長(~ちょう) = 学級委員 반장 ・懸案(けんあん) 현안(아직 해결되지 않은 채 남아 있는 문제) ・祇園祭(ぎおんまつり), 기온 마츠리 cf. 일본 삼대 마츠리(교토: 기온 마츠리, 오사카: 텐신 마츠리, 도쿄: 칸다 마츠리) ・~ように ~도록 ・靴ひも(くつひも) 신발 끈 ・結(むす)ぶ 묶다 ・融資(ゆうし) 대출(융자) ・長旅(ながたび) 긴 여행

접속사, 경제 관련 어휘

01_접속사

- 일본어 접속사
- 글의 논지 전개를 위한 접속사 사용법

- 다양한 일본어 접속사의 용법을 알 수 있다.
- 글의 논지 전개를 명확하게 하기 위한 접속사 사용법을 이해할 수 있다.

[1] 접속사

1) 접속사(接続詞(せつぞくし))

- 단어와 단어, 문장과 문장 사이의 관계를 나타내는 문장성분이다.
- 문장력 향상을 위해서 올바른 접속사 사용은 필수이다.
    - 문장 간의 관계를 정확하게 파악해서 적합한 접속사를 사용해야 한다.
- 문장과 문장 사이의 관계 및 해당 접속사

순접	だから, それで, そのために, したがって, そこで, すると
역접	しかし, でも, けれども, それなのに, にもかかわらず, ところが
이유	なぜなら, なぜかというと
보충	ただし, なお
첨가	そして, それから, また, それに, そのうえ, しかも, おまけに, さらに
환언, 예시	つまり, 要するに, すなわち, 例えば
전환	さて, ところで, それでは, では
총괄	このように, 以上のように

2) 순접을 나타내는 접속사

- 순접의 의미(X: 접속사 앞의 문장, Y: 접속사 이후의 문장)
- 원인의 결과: X가 원인이 되어 그 결과로 Y가 일어나다/Y를 일으키다.
  - だから(그래서), それで(그래서), そのため(그 때문에), したがって(따라서), そこで (그래서)

    예 交通事故で道が混んでいた。{だから/それで/そのため}、学校に遅刻してしまった。(교통사고로 길이 막혔다. 그래서 학교에 지각하고 말았다.)
- 계기: X가 계기가 되어 Y가 일어나다/Y를 일으키다.
  - すると(그러자)

    예 ドアを開けた。すると、暑い空気が入ってきた。

    (문을 열었다. 그러자 더운 공기가 들어왔다.)
- 「だから」는 구어체적 표현, 「そのため」와 「したがって」는 문어체적 표현이다.

3) 역접을 나타내는 접속사

- 예상의 반대: X의 예상과 반대되는 것이 Y에 일어난다.
  - しかし(그러나), でも(그래도), けれども(그러나)

    예 私は彼が犯人だと思っている。{しかし/でも/けれども}彼にはアリバイがあるという。(나는 그가 범인이라 생각한다. 그러나 그에게는 알리바이가 있다고 한다.)
- 기대에 어긋남: X의 기대에 어긋나는 일이 Y에 일어난다(놀라움).
  - それなのに(그런데도), にもかかわらず(그럼에도 불구하고), ところが(그런데)

    예 A氏は今年のノーベル賞最有力候補といわれてきた。{ところが/それなのに}、昨日交通事故で死亡した。(A씨는 올해 노벨상 최유력 후보로 지목되어 왔다. 그런데 어제 교통사고로 사망하였다.)
- 「でも」와 「けれども」, 「それなのに」는 구어체적 표현, 「しかし」와 「ところが」, 「にもかかわらず」는 문어체적 표현이다.

4) 이유를 나타내는 접속사

- X의 원인, 이유를 Y에 나타낸다. (cf. 순접)
  - なぜなら, なぜかというと

- Y는 X의 원인, 이유이므로 Y의 문말에는 「からだ」나 「のだ」를 사용하는 것이 자연스럽다.

  예 私は人工知能の導入には反対だ。なぜなら、人工知能が導入されると、失業者が増えるおそれがあるからだ。(나는 인공지능 도입에는 반대한다. 왜냐하면 인공지능이 도입되면 실업자가 늘어날 우려가 있기 때문이다.)

5) 보충을 나타내는 접속사

- 정보 보충: X의 내용에 대해 비교적 중요한 정보를 Y에 제시할 경우에 사용한다.
  - なお(또한, 덧붙여 말하자면)

    예 本日の会議はここまでに致します。なお、次回の会議は来月の１０日を予定しております。(오늘 회의는 여기서 마치겠습니다. 덧붙여 말씀드리면 다음 회의는 다음달 10일을 예정하고 있습니다.)
- 예외나 단서: X의 내용에 대해 예외나 단서를 Y에 달 경우에 사용한다.
  - ただし(단, 단지)

    예 集中講義は20日までです。ただし、月曜日は休講なのでご注意ください。(집중강의는 20일까지 입니다. 단, 월요일은 휴강이므로 주의 바랍니다.)

6) 첨가를 나타내는 접속사

- 병렬, 나열(앞의 두 가지는 시간적 순서도 나타냄)
  - そして(그리고), それから(그리고(나서)), また(또한)

    예 冬の北海道はとにかく寒い。{そして/また}雪が多い。

    (겨울 홋카이도는 아무튼 춥다. 그리고 눈이 많이 내린다.)
- 부가 의미 강조(X뿐만 아니라 Y도)
  - それに(게다가), そのうえ(게다가), しかも(게다가), おまけに(게다가), さらに(더욱이)

    예 田中さんは頭がいい。{それに/そのうえ/しかも/おまけに/さらに}性格もいい。(다나카 씨는 머리가 좋다. 게다가 성격도 좋다.)

7) 환언, 예시를 나타내는 접속사

- 요약: X의 내용을 요약

- つまり(즉, 결국), 要するに(요는)

  예 彼は人の意見に耳を傾けず、間違っていても謝らない。{要するに/つまり}自分勝手な人だ。(그는 남의 의견에 귀를 기울이지도 않고 잘못하더라도 사과하지 않는다. 한마디로 제멋대로인 사람이다.)
- 보충 설명:X의 내용을 다른 말로 보충 설명
  - つまり(즉, 결국), すなわち(즉)
- 구체적 사례:X 안의 단어에 대한 구체적 사례를 듦
  - 例えば(예를 들면)

    예 例えば、メロン・スイカ・イチゴなどは、果物として分類されることもあるが、野菜として分類されることもある。(예를 들면 멜론, 수박, 딸기 등은 과일로 분류될 때도 있지만 채소로 분류될 때도 있다.)

8) 전환을 나타내는 접속사

- 화제 전환
  - ところで(그런데), さて(그럼, 그런데)

    예 ところで明日はどこに行きましょうか。(그런데 내일은 어디로 갈까요?)
- 상황 전환
  - それでは(그러면), では(그러면)

    예 それでは、早速本題に入りましょう。(그러면 즉시 본론으로 들어갑시다.)

9) 총괄을 나타내는 접속사

- 글이나 연설의 마지막 부분의 결론, 결말을 나타낼 때 사용하고, 글 전체의 구체적인 내용을 총괄해서 나타낼 때 사용한다.
  - このように(이와 같이), 以上のように(이상과 같이)

    예 {このように/以上のように}、情報通信産業の生産拡大は、経済全体における生産額の増加に大きく貢献していることが分かる。({이와 같이/이상과 같이} 정보통신산업의 생산확대는 경제 전반의 생산액 증가에 크게 공헌하고 있는 것을 알 수 있다.)

[2] 글의 논지 전개를 위한 접속사 사용

1) 글의 논지를 전개하는데 있어 접속사는 중요

- 글의 논지 전개를 명확하게 하기 위해서는 문장과 문장 사이의 관계를 명확하게 하는 것이 중요하다.
- 문장 간의 관계를 명확하게 하는 것은 접속사의 역할이다.
- 논지 전개를 위한 접속사 사용 사례

    사항의 열거   비즈니스 메일   논문・리포트

2) 사항의 열거

예 相手のことを考えずに、何でも自分のペースで物事を進めてしまう自分勝手な人をよく見かけます。そのような人の特徴は以下の通りです。(　　)相手の都合を無視します。(　　)人の気持ちを考えないで、いつも自分を優先します。(　　)相手の意見を全く聞き入れません。

(상대방을 생각하지 않고 무엇이든 자기 페이스로 일을 진행해 버리는 제멋대로인 사람을 자주 보게 됩니다. 그러한 사람의 특징은 다음과 같습니다. (　) 상대방의 사정을 무시합니다. (　) 남의 기분을 생각하지 않고 언제나 자신을 우선합니다. (　) 상대방의 의견을 전혀 들으려 하지 않습니다.)

(1) 순서가 없는 사항에 순번을 붙여서 열거

- 第一に・第二に・第三に(X번째로)
- 一つめに・二つめに・三つめに(X번째로)
- 一つは・もう一つは(하나는・다른 하나는)

    예 相手のことを考えずに、何でも自分のペースで物事を進めてしまう自分勝手な人をよく見かけます。そのような人の特徴は以下の通りです。<u>第一に</u>、相手の都合を無視します。<u>第二に</u>、人の気持ちを考えないで、いつも自分を優先します。<u>第三に</u>、相手の意見を全く聞き入れません。

(2) 순서가 있는 사항을 순서대로 열거

- 最初に(はじめに)(처음으로)・ついで(つづいて)(이어서, 그 다음)・そのあと(그

다음) · 最後に(おわりに)(마지막으로)

(3) 순서를 불문하고 순서대로 사항을 열거
- まず(우선) · つぎに(다음으로) · さらに(게다가)
- まずは(우선은) · さらには(게다가) · そして(그리고)

　예　相手のことを考えずに、何でも自分のペースで物事を進めてしまう自分勝手
　　　な人をよく見かけます。
　　　そのような人の特徴は以下の通りです。(まず/まずは)、相手の都合を無視し
　　　ます。
　　　(つぎに/さらには)、人の気持ちを考えないで、いつも自分を優先します。
　　　(さらに/そして)、相手の意見を全く聞き入れません。

3) 비즈니스 메일

(1) 비즈니스 메일의 기본 구성
- 수신자(宛名) − 발신자(名乗り) − 인사문(挨拶文) − 주문(主文) − 말문(末文) − 서명(署名)
- 주문(主文): 상대방에 전달할 핵심 내용. 「さて」「つきましては」「なお」의 세 접속사로 구성된다.

(2) 주문에 사용하는 접속사
- 「さて」(그런데, 다름이 아니고): 앞의 인사말 이후에 본 내용으로 화제를 전환한다.
- 「つきましては」(그리하여, 이러한 내용에 입각하여): 상대방에게 전달하고자 하는 구체적인 내용을 적는다.
- 「なお」(또한, 덧붙여 말씀드리면): 「つきましては」에서 전달한 내용 이외에 추가사항을 보충한다.
　⇒ 「도입(인사문) − 전개(さて) − 결말(つきましては) − 보충(なお)」의 논지 전개가 된다.

(3) 주문 예시
　예　平素より弊社製品をご愛顧いただき、誠にありがとうございます。

さて、弊社は来る5月16日を持ちまして、創立10周年を迎えることと相成りました。

これもひとえに皆様のご指導・ご鞭撻の賜物と、ここに衷心よりお礼申し上げます。

つきましては、皆様への感謝の意を表すべく、創立10周年記念式典を開催したく存じます。

[中略]

なお、ご不明の点、お問合せ等ございましたら、下記担当○○までお願いいたします。

(평소에 폐사의 제품을 이용해 주셔서 진심으로 감사드립니다.

다름이 아니오라 폐사는 이번 5월 16일에 창립 10주년을 맞이하게 되었습니다. 이 또한 오로지 여러분께서 지도 편달을 해 주셨기 때문이라 생각하며 이에 진심으로 감사인사 드립니다.

그리하여 여러분께 감사의 마음을 표하고자 창립 10주년 기념식을 개최하고자 합니다.

[중략]

또한 불분명하신 점이나 문의 등이 있으시면 다음 담당자 ○○에게 부탁드리겠습니다.)

4) 논문·리포트

(1) 도입 – 전개 – 결말의 구성
  - 도입: 선행연구의 성과 기술
    └역접┐
  - 전개: 선행연구의 문제점을 지적
    └순접┐
  - 결말: 문제점을 극복할 제안

(2) 역접의 접속사(예상과 반대)
  - しかし, でも, けれども
  - 딱딱한 문어체적 표현으로 「しかし」「しかしながら」가 선호된다.

(3) 순접의 접속사(원인의 결과)
- だから, それで, そのため, したがって, そこで
- 딱딱한 문어체적 표현으로「そのため」「したがって」「そこで」가 선호된다.

02_경제와 관련된 어휘 및 표현

- 한국인 학습자가 틀리기 쉬운 경제 관련 일본어 어휘
- 한국어 다의어 동사의 일본어 번역

- 한국어와 일본어의 경제 관련 어휘 차이를 알 수 있다.
- 한국어 다의어 동사의 구체적인 의미를 이해하여 일본어로 번역할 수 있다.

[1] 경제 관련 어휘

※ ◎(가장 적절함), ○(사용됨), △(일부에서는 사용되지만 일반적이지 않음), ×(해당 의미로 사용되지 않음)

1) 생활 경제

(1) 할부

→ × 割賦(かっぷ): 割賦販売・割賦償還(−しょうかん) 등에 사용

→ ◎ 分割払い(ぶんかつばらい)

- 할부금 ▶ 分割支払金(−しはらいきん), 分割金, 割賦金, 賦金(ふきん)
- 일시불 ▶ 一括払い(いっかつ−)
- 3개월 할부 ▶ 三回払い(さんかい−)

(2) 이체

→ ◎ 振込(ふりこみ): 타인 금융 계좌에 이체하거나 다른 금융기관 본인 계좌에 이체하는 것

  cf. 무통장 입금 ▶ 現金振込(げんきん−), 계좌 이체 ▶ 口座振込(こうざ−)

→ ◎ (口座)振替(ふりかえ): 동일 금융기관 내 본인의 다른 계좌에 돈을 이체하는 것

  cf. 보이스 피싱 ▶ 振り込め詐欺, アポ電(詐欺)

(3) 대출

→ △ 貸し出し(かしだし):도서관에서 책 빌려 주는 것

→ ◎ 貸し付け(かしつけ)・融資(ゆうし)・借り入れ(かりいれ)・ローン

→ 대출하다(빌려 주는 쪽) ▶ 「貸し付ける」「融資する」

→ 대출하다(대출 받는 쪽) ▶ 「貸し付け/融資を受ける」「融資してもらう」「借り入れをする」など

(4) 비밀 번호

→ × 秘密番号(ひみつばんごう)

→ ◎ 暗証番号(あんしょう−)

→ ◎ パスワード(IT)

(5) 연말 정산

→ × 年末精算(ねんまつせいさん)

→ ◎ 年末調整(−ちょうせい)

2) 시사 경제

(1) 금리 인상

→ 金利引き上げ(きんりひきあげ)

→ 利上(りあ)げ ⇔ 利下(りさ)げ

  cf. 가격 인상 ▶ 値上(ねあ)げ ⇔ 値下げ

    매출 ▶ 売り上げ

(2) 환율

　　→× 換率: 일본어에 없는 단어

　　→◎ 為替相場(かわせそうば)・為替レート

　　・원(/달러) 환율 ▶ ウォン(の対ドル)相場「ウォン相場は、1ドル1100ウォンです」

　　・엔(/달러) 환율 ▶ 円(の対ドル)相場

　　　cf. 외환시장 ▶ 外国為替市場(－しじょう)

(3) 엔화 약세 / 엔화 강세

　　→× 円貨弱勢/円貨強勢(えんかじゃくせい/きょうせい)

　　→◎ 円安/円高(えんやす/えんだか)

　　　cf. (국내) 환율 상승/하락 ▶ ウォン安/ウォン高

　　　　 달러 약세/달러 강세 ▶ ドル安/ドル高

(4) 사채

　　→× 私債

　　→◎ ヤミ金融(－きんゆう): 불법 사채, 줄여서「ヤミ金」,

　　　사채업자 ▶ ヤミ金(業者)

　　→◎ 消費者金融(しょうひしゃきんゆう): 대부업체의 사채

　　→○ サラリーマン金融: 줄여서「サラ金」

　　　「ヤミ金の取り立てに苦しむ」(사채업자의 추심에 괴로워하다)

(5) 자금 세탁

　　→× 資金洗濯(しきんせんたく)

　　→◎ マネー・ロンダリング, ◎ 資金洗浄(－せんじょう)

(6) 주거래 은행

　　→ メインバンク, メーンバンク

　　　cf. 거래 ▶ 取り引き

(7) 추경 예산(추가 경정 예산)

　　→× 追加更正予算(ついかこうせいよさん)

→ ◎ 補正予算(ほせい−) −을 편성하다(−を組む)

[2] 한국어 다의어 동사 번역

1) 이번 과에서 볼 다의어 동사

돕다, 바꾸다, 찾다

2) 돕다

(1) '돕다'의 한국어 의미

- 남이 하는 일을 거들거나 보탬이 되는 일을 하다.
- 어려운 처지나 위험한 상황에서 벗어날 수 있게 힘을 보태다.
- 어떠한 상태를 더욱 좋게 하거나 작용을 더 활발하게 하다.
- 서로가 의지해 거들거나 힘을 보태 함께하다.

(2) '돕다'에 대응하는 일본어

手伝う, 助ける, 促す, 助け合う

(2-1) 돕다 → 手伝(てつだ)う(타동사)

- 타인의 일을 도와 함께 하다
- 「大掃除を手伝う」(대청소를 돕다)
- 「家事を手伝う」(가사를 돕다)

(2-2) 돕다 → 助(たす)ける(타동사)

- 힘을 빌려 주어 위험한 상태에서 벗어나게 해 주다
- 「危険にさらされている人を助ける」(위험에 빠진 사람을 돕다)
- 보다 좋은 상태가 되도록 작용을 하다. 촉진하다
- 「消化を助ける」(소화를 돕다)

(2-3) 돕다 → 促(うなが)す(타동사)

- 촉진하다, 진행 속도를 빠르게 하다
- 「成長を促す」(성장을 돕다)

- 「疲労回復を促す」(피로회복을 돕다)

(2-4) 돕다 → 助け合(あ)う(자동사)

- 서로 도움을 주고 받다, 서로 힘을 빌려 주다
- 「兄弟で助け合う」(형제끼리 돕다)
- 「植物と微生物は互いに助け合う」(식물과 미생물은 서로 돕는다)

3) 바꾸다

(1) '바꾸다'의 한국어 의미

- 원래 있던 것을 없애고 다른 것으로 대신하게 하다.
- 자신의 것을 다른 사람에게 주고 대신 다른 것을 받거나 가지다.
- 원래 있던 내용이나 상태를 다르게 고치다.

(2) '바꾸다'에 대응하는 일본어

取りかえる, 交換ける, 両替する, 替える/換える, 崩す, 変える, 変更する, 改革する

(2-1) 바꾸다 → 取(と)りかえる(타동사)

- 다른 것으로 바꾸다, 교환하다
- 「部品を取りかえる」(부품을 바꾸다)
- 자신의 물건을 상대방 것과 바꾸다, 교환하다
- 「友達と本を取りかえる」(친구와 책을 바꾸다)

(2-2) 바꾸다 → 交換(こうかん)する(타동사)

- 다른 것으로 바꾸다, 교환하다
- 「現金と品物を交換する」(현금과 물품을 바꾸다)

(2-3) 바꾸다 → 両替(りょうがえ)する(타동사)

- 어떤 화폐를 거기에 상응하는 액수의 다른 화폐로 교환하다
- 「千円札を両替する」(천엔 지폐를 바꾸다)
- 「円をドルに両替する」(엔을 달러로 바꾸다)

(2-4) 바꾸다 → 替える/換える(타동사)

- 상대방에게 자기 것을 주고 상대방 것을 가지다, 동등한 것으로 바꾸다
- 「円をドルに替える」(엔을 달러로 바꾸다)
- 「1000円札を小銭に替える」(1000엔 지폐를 잔돈으로 바꾸다)

(2-5) 바꾸다 → 崩(くず)す(타동사)

- 화폐를 잔돈으로 바꾸다
- 「一万円札を崩す」(만엔을 (잔돈으로) 바꾸다)

(2-6) 바꾸다 → 変(か)える(타동사)

- 형태・색・성질・내용 등을 다른 상태로 바꾸다, 변화시키다, 변경하다
- 「髪型を変える」(머리 모양을 바꾸다)
- 「態度を変える」(태도를 바꾸다)
- 「予定を変える」(예정을 바꾸다)

(2-7) 바꾸다 → 変更(へんこう)する(타동사)

- 바꾸다, 다시 바꾸다, 정해진 사항을 바꾸다
- 「予定を変更する」(예정을 바꾸다)
- 「出発時刻を変更する」(출발시각을 바꾸다)

(2-8) 바꾸다 → 改革(かいかく)する(타동사)

- 기반을 유지하면서 기존의 사회제도나 기구, 조직 등을 새롭게 바꾸다
- 「制度を改革する」(제도를 바꾸다/개혁하다)

4) 찾다

(1) '찾다'의 한국어 의미

- 무엇을 얻거나 누구를 만나려고 여기저기를 살피다. 또는 그것을 얻거나 그 사람을 만나다.
- 모르는 것을 알아내기 위해 책을 살피거나 컴퓨터를 검색하다.
- 맡기거나 빌려주었던 것을 돌려받다.
- 어떤 사람을 만나거나 어떤 곳을 보러 관련된 장소로 가다.
- 원래 상태나 자신감, 명예 등을 회복하다.

(2) '찾다'에 대응하는 일본어

探す/捜す, 見つける, 検索する, 下ろす/引き出す, 回復する

(2-1) 찾다 → さがす(探す/捜す)(타동사)

- 필요한 것(探す)이나 잃어버린 것(捜す)을 찾으려 하다, 찾으러 여기저기를 다니며 살피다

- 「仕事を探す」(일을 찾다)

- 「財布を捜す」(지갑을 찾다)

- 「犯人を捜す」(범인을 찾다)

(2-2) 찾다 → 見(み)つける(타동사)

- 찾는 것을 발견하다

- 「仕事を見つける」(일을 찾다(발견하다))

- 「落とし物を見つける」(분실물을 찾다)

(2-3) 찾다 → 検索(けんさく)する(타동사)

- 조사해서 찾음

「インターネットで資料を検索する」(인터넷으로 자료를 찾다)

(2-4) 찾다 → 下(お)ろす/引き出す(타동사)

- 저축한 돈을 찾다, 예금을 은행 등에서 찾다

- 「10万円を下ろす」(10만엔을 찾다)

- 「口座から10万円を引き出す」(계좌에서 10만엔을 찾다)

(2-5) 찾다 → 訪(おとず)れる(타동사)

- 어떤 장소나 집에 가다, 방문하다

- 「今年も中国を訪れた」(올해도 중국을 찾았다)

(2-6) 찾다 → 回復(かいふく)する(타동사)

- 잃어버린 것을 되찾다

- 「権利を回復する」(권리를 찾다)

- 「名誉を回復する」(명예를 찾다)

단어

· 大掃除(おおそうじ) 대청소 · 家事(かじ) 가사 · さらす 위험한 상태에 두다 · 成長(せいちょう) 성장 · 回復(かいふく) 회복 · 植物(しょくぶつ)식물 · 微生物(びせいぶつ) 미생물 · 札(さつ) 지폐 · 小銭(こぜに) 잔돈 · 髪型(かみがた) 머리 모양, 헤어스타일 · 態度(たいど) 태도 · 時刻(じこく) 시각 · 財布(さいふ) 지갑 · 犯人(はんにん) 범인 · 権利(けんり) 권리 · 名誉(めいよ) 명예

03_학습정리

1) 접속사
- 문장과 문장 사이의 관계를 나타내는 문장성분
- 문장력 향상을 위해서 올바른 접속사 사용은 필수

2) 글의 논지 전개를 위한 접속사 사용
- 글의 논지 전개를 명확히 하기 위해서는 문장 간의 관계를 명확하게 나타내는 접속사를 사용해야 함
- 사항의 열거: 순서대로 열거하는 접속사 사용
- 비즈니스 메일: 도입－전개－결말－보충의 구조를 나타내는 접속사 사용
- 논문·리포트: 도입－전개－결말의 구조를 명확하게 나타내는 접속사 사용

3) 한국인 학습자가 혼동하기 쉬운 경제 관련 어휘
- 할부 ▶ 分割払い
- 이체 ▶ 振込, 振替
- 대출 ▶ 貸し付け, 融資, 借り入れ, ローン
- 비밀번호 ▶ 暗証番号, パスワード
- 연말정산 ▶ 年末調整
- 금리인상 ▶ 金利引き上げ, 利上げ
- 환율 ▶ 為替相場, 為替レート
- 엔화 약세 / 엔화 강세 ▶ 円安/円高
- 사채 ▶ ヤミ金(融), 消費者金融
- 자금 세탁 ▶ マネーロンダリング
- 주거래 은행 ▶ メインバンク, メーンバンク

- 추경 예산 ▶ 補正予算

4) 한국어 다의어 동사의 일본어 번역

- 돕다: 伝う, 助ける, 促す, 助け合う
- 바꾸다: 取りかえる, 交換する, 両替する, 替える/換える, 崩す, 変える, 変更する, 改革する
- 찾다: 探す/捜す, 見つける, 検索する, 下ろす/引き出す, 訪れる, 回復する

04_실전 문제

Q1 앞문장과 뒷문장을 알맞은 접속사로 연결해 봅시다.

> **보기**
>
> (ア)それで　　(イ)しかし　　(ウ)つまり　　(エ)そして　　(オ)しかも

(1) 野村君は志望校に合格した。　　　　A 紅茶も２つお願いね。

(2) 高級メロンを買って食べてみた。　　B 夫が息子をしかったのだ。

(3) 息子は毎日遊んでばかりいた。　　　C もう学校には来ないだろう。

(4) パンを２つ。　　　　　　　　　　　D あまりおいしくなかった。

(5) 彼は退学の手続きをしたそうだ。　　E 首席合格したそうだ。

Q2 밑줄 친 부분에 알맞은 접속사를 넣어 봅시다.

(1) お米はおいしいし、安い。_____、健康にもいい。

(2) ただ今半額セール実施中です。_____、4000円以上のご購入に限ります。

(3) 目玉焼きの作り方を紹介します。<u>(A)</u>、油を入れてフライパンを熱します。
<u>(B)</u>、卵を入れて、中火で１分焼きます。白身が白くなってきたら、水を入れて
フタをします。<u>(C)</u>、弱火で２～３分熱した後、火をとめたら、目玉焼きの出来
上がりです。

(4) 原子力発電には反対です。_____、100パーセント安全だと言い切れないから
です。

(5) お金を入れてボタンを押します。_____、缶ジュースが出てきます。

Q 3 다음 문장을 일본어로 바꾸어 봅시다.

(1) 다른 은행으로 계좌 이체를 할 경우에도 수수료가 부과되지 않는다.

_____

(2) 미국의 기준 금리 인상 발표에도 세계 금융시장은 흔들리지 않았다.

_____

(3) 비밀번호를 잊어버려서 돈을 찾을 수 없다.

_____

(4) 할부로 DSLR 카메라를 샀다.

_____

(5) 사채를 쓰면 이자가 눈덩이처럼 불어났다.

_____

(6) 올해부터 연말정산 서류 작성이 한결 수월해질 것으로 보인다.

_____

(7) 은행에서 대출을 받는다.

_____

(8) 원화 약세로 인해 한국을 찾는 관광객 수가 크게 증가했다.

_____

(9) 그 사채업자는 조폭의 자금세탁에 관여한 혐의가 있다.

_____

Q 4 다의어 동사의 의미에 주의하면서 다음 문장을 일본어로 바꾸어 봅시다.

(1) 학교를 쉬고 아버지 일을 돕고 있다.

_____

(2) 이 약은 소화를 돕는데 효과가 있다.

_____

(3) 건전지를 새것으로 바꿨다.

_____

(4) 천 엔 짜리를 잔돈으로 바꿔 주시겠습니까?

_____

(5) 길을 잃은 아이가 가족을 찾고 있습니다.

_____

(6) 아이는 대합실에서 어머니를 찾자 마자 울음을 터트렸다.

_____

(7) 회사에 대한 자세한 정보는 인터넷으로 찾아 주세요.

_____

(8) 잃어버린 명예를 다시 찾기란 그리 쉽지 않다.

_____

• 手数料(てすうりょう) 수수료 • かかる 부과되다, 들다 • 米国(べいこく) 미국 • ~にもか
かわらず ~에도 (불구하고) • 動揺(どうよう)する 흔들리다, 동요하다 • デジタル一眼レフ
(カメラ)(~いちがん~) DSLR 카메라 • 雪だるま式(~しき)に 눈덩이처럼 • 利子(りし)(돈을 빌
렸을 경우), 利息(りそく)(돈을 맡겼을 경우) 이자 • ふくれ上がる, 増(ふ)える 불어나다 • 一段
(いちだん)と 한결 • 楽(らく)になる 수월하다 • 暴力団(ぼうりょくだん) 조폭 • 容疑(よ
うぎ) 혐의 • 乾電池(かんでんち) 건전지 • 迷子(まいご)の子ども 길을 잃은 아이(미아) • 待
合室(まちあいしつ) 대합실 • ~やいなや, ~(た)とたん ~하자 마자 • 詳細(しょうさい) 자
세한 정보

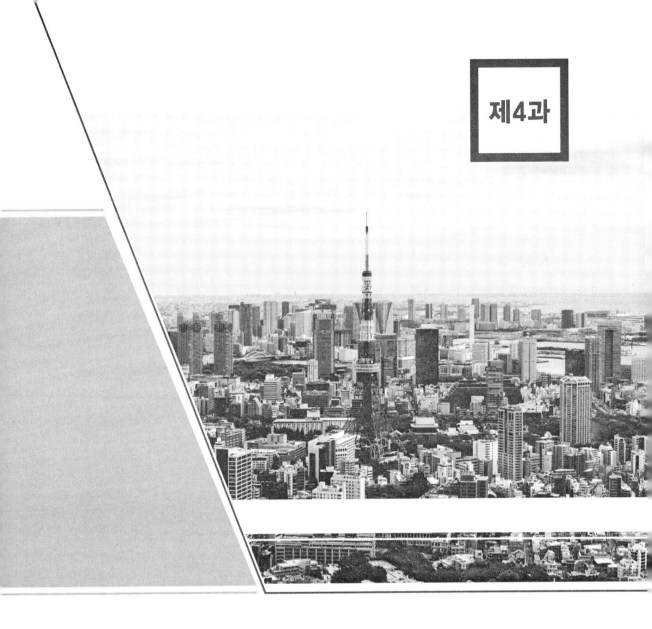

제4과

지시표현, 환경 관련 어휘

01_지시표현

- 지시표현(こ・そ・あ)
- 현장지시, 문맥지시

- 일본어 지시표현의 다양한 용법을 알 수 있다.
- 문장을 쓸 때 사용하는 지시표현에 대해서 이해하고 글쓰기에 활용할 수 있다.

[1] 틀린 부분 찾기

- 다음 문장에서 틀린 부분을 찾아봅시다.

    問1 そういえば、先日沖縄に行ったとき、そんなことがありました。

    　　답: そんなことが

    問2 夜に「夜の女王のアリア」を聴いた。あの曲はモーツァルトの歌劇『魔笛』の第2幕
    に登場するアリアだ。

    　　답: あの曲は

    問3 もし私の意見に反対する人がいれば、この人を説得します。

    　　답: この人を

    ※ 위 문제에서 사용한 지시표현이 왜 틀렸는지 그러면 어떤 지시표현을 써야 하는지 알아
    보자.

[2] 일본어 지시표현

1) 일본어 지시표현 「こ」「そ」「あ」

(1) 일본어 지시표현으로「こ」,「そ」,「あ」가 사용된다.

(2) 다양한 지시표현

	こ(이)	そ(그)	あ(저)
사물	これ(이것)	それ(그것)	あれ(저것)
장소	ここ(이곳, 여기)	そこ(그곳, 거기)	あそこ(저곳, 저기)
명사 수식	この~(이~)	その~(그~)	あの~(저~)
방향	こちら(이쪽)	そちら(그쪽)	あちら(저쪽)
부사	こう(이렇게)	そう(그렇게)	ああ(저렇게)

3) 지시표현 용법

(1) 「こ」「そ」「あ」의 용법은 크게 두 가지로 나뉘어진다.

- 현장지시(現場指示)
    - 실제 대화가 이루어지고 있는 현장의 특정 대상(사람, 사물 등)을 가리킬 때 사용한다.
    - 대립형(対立型)·융합형(融合型)으로 나눠진다.
- 문맥지시(文脈指示)
    - 대화 내용에서 특정 대상(화제)을 가리킬 때 사용한다.

4) 현장지시

(1) 현장지시 ① 대립형

- 현장에서 화자와 청자가 떨어진 위치에 있을 때 사용한다.
- 화자 영역의 대상이냐 청자 영역의 대상이냐에 따라 사용하는 지시 표현이 가변적이다.

(그것은 책인가요?)　　(아니요, 이것은 책이 아니에요. 노트예요.)

예시1)　A: それは本ですか。(그것은 책인가요?)

　　　　B: いいえ、これは本じゃありません。ノートです。

　　　　(아니요, 이것은 책이 아니에요. 노트예요.)

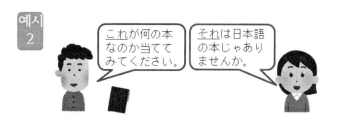

예시2)　A: これが何の本なのか当ててみてください。

　　　　(이것이 어떤 책인지 맞춰 보세요.)

　　　　B: それは日本語の本じゃありませんか。(그것은 일본어 책 아닌가요?))

• 화자를 중심으로 특정 대상이

　－ 화자 영역(화자에 가까운 쪽)에 속하면 「こ」계열 사용

　－ 청자 영역(청자에 가까운 쪽)에 속하면 「そ」계열 사용

　－ 화자와 청자 영역에 속하지 않으면(둘에게서 멀리 떨어져 있으면) 「あ」계열 사용

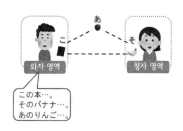

(2) 현장지시 ② 융합형

- 현장에서 화자와 청자가 같은 위치에 있을 때 사용한다.
- 화자와 청자에 가까이 있는 대상은「こ」계열, 멀리 있는 대상은「あ」계열을 사용한다. 중간 거리에 있는 대상은「そ」계열을 사용한다.

5) 문맥지시: 대화

- 대화 내용에서 특정 대상(화제)을 가리킬 때 사용한다.
- 이미 언급된 화제 내용을 가리키거나 앞으로 언급할 화제 내용을 가리킬 수 있다.

(1)「こ」계열

　　① 화자가 앞으로 화제로 삼으려 하는 대상을 가리킨다.

　　　예　この話知ってる？田中君、A大学に受かったんだって。

　　　　　(이 이야기 알아? 다나카 군, A대학에 합격했대.)

　　② 방금 나온 (주로 화자가 꺼내 놓은) 화제 내용을 가리킨다.

　　　예　A: ねえ、相談に乗ってくれる？ (저기 있잖아 상담 좀 해 줄 수 있어?)

　　　　　B: うん、いいよ。 (응, 괜찮아.)

　　　　　A: でも、この話は、誰にも言わないでね。

　　　　　　　(하지만 이 이야기는 아무에게도 하지 말아 줘.)

(2)「そ」계열

　　① 방금 나온 (화자가 꺼내 놓은) 화제 내용을 가리킨다. (≒「こ」계열 ②)

　　　－「こ」계열 ②보다 객관적이고 중립적으로 화제 내용에 거리를 둔다는 뉘앙스를 가진다.

　　　　예　山田さんのご友人の中で村田さんという方がいらっしゃると聞いたのですが、その方を紹介していただけないでしょうか。(야마다 씨 친구 중에

무라타 씨라는 분이 계시다고 들었는데, 그 분을 소개해 주시겠습니까?)

② 상대방이 말한 내용을 대상으로 할 경우에 사용한다.

예 A: <u>友達から広島のおみやげ</u>をもらったよ。有名なお饅頭らしい。

(친구한테 히로시마 다녀온 선물을 받았어. 유명한 만주라고 하던데.)

B: それって、もみじ饅頭じゃないの？(그거 모미지 만주 아니야?)

• 「そ」계열은 이미 대화에 나온 내용만을 가리킨다.

• 「こ」계열 ①과 같은 앞으로 언급할 화제를 나타내는 용법이 없다.

(3) 「あ」계열

• 화자와 청자가 공통으로 알고 있는 화제 내용을 가리킨다.

예 A: きのう「<u>レストラン韓流</u>」へ行きましたよ。(어제 레스토랑 한류에 갔어요.)

B: そうなんですか。**あそこ**はなかなかいい店ですね。

(그래요? 거기 상당히 좋은 가게지요?)

[3] 문장에서 사용하는 문맥지시

1) 문장의 문맥지시

(1) 문장에서 사용하는 문맥지시

• 대화에서 사용하는 문맥지시와 유사한 점이 많지만 「あ」계열 지시표현은 사용하지 않는다.

• 문장에서 사용하는 문맥지시 표현
  - 「こ」계열: 「これ」「この」「こう」등
  - 「そ」계열: 「それ」「その」「そう」등

• 양쪽 혼용 가능

예 私は尊敬する先生がいる。{この/その/あの}先生から私はたくさんのことを教わった。(나는 존경하는 선생님이 있다. {이 분/그 분}께 나는 많은 것을 배웠다.)

(2) 「こ」계열만 사용해야 할 경우

    ① 필자가 앞으로 언급하려 하는 화제

      예 今朝**こんな**ことがありました。 (오늘 아침에 이런 일이 있었습니다.)

    ② 글에서 문장, 어구, 그림 등을 직접적으로 지시할 경우

      예 <u>「少年よ、大志を抱け」</u>。**これ**は日本人であれば誰でも知っているほど有名な言葉です。 ('소년이여, 야망을 가져라'. 이는 일본인이라면 누구나 알 정도로 유명한 말입니다.)

    ③ 앞의 지시대상을 다른 말로 바꿔서 나타낼 때

      예 昨日<u>「君の名は。」</u>を見た。<u>この</u>アニメは新海誠監督の代表作である。

        (어제 '너의 이름은.'을 보았다. 이 애니메이션은 신카이 마코토 감독의 대표작이다.)

(3) 「そ」계열만 사용해야 할 경우

    ① 앞으로 일어날 일이나 가정한 내용을 가리킬 경우

      예 私もいつかは<u>結婚するとき</u>が来るだろう。でも、<u>そのとき</u>結婚式を挙げるつもりはない。 (나도 언젠가는 결혼할 때가 오겠지. 하지만 그때 결혼식을 할 생각은 없어.)

    ② 앞의 지시대상인 사람・사물・사항(X)과 관계가 있는 사람・사물・사항(Y)을 나타낼 때(XのY),「Xの」 대신 「その」를 사용

      예 彼女の演奏を初めて聴いた時、その才能(彼女の才能)に衝撃を受けた。

        (그녀의 연주를 처음 들었을 때, 그 재능에 충격을 받았다.)

• 맨 처음 문제에서 틀린 부분이 왜 틀렸고 어떻게 고쳐야 할까?

    問1 そういえば、先日沖縄に行ったとき、<u>そんな</u>ことがありました。

- 필자가 앞으로 언급하려 하는 화제 → こんな

    問2 夜に「夜の女王のアリア」を聴いた。<u>あの</u>曲はモーツァルトの歌劇『魔笛』の第2幕に登場するアリアだ。

- 문장의 문맥 지시에서 「あ」계열 사용 못함. 앞의 지시대상을 다른 말로 바꿔서 나타냄 → この

    問3 もし私の意見に反対する人がいれば、<u>この</u>人を説得します。

    - 가정한 내용을 가리킴 → その

・歌劇(かげき) 오페라 ・魔笛(まてき) 마술피리 ・幕(まく) 막 ・当(あ)てる 맞추다 ・〜てみる 〜해 보다 ・受(う)かる 합격하다 ・〜んだって 〜래(伝聞) ・相談(そうだん)に乗(の)る 상담에 응하다 ・ご友人(ゆうじん) 친구 분 ・おみやげ 특산물, 기념품 ・〜らしい 〜라고 하다(伝聞(불확실함)) ・もみじ饅頭(まんじゅう) 모미지 만주(히로시마 명물 과자) ・韓流(ハンリュウ) 한류 ・なかなか 상당히, 꽤(형용사 앞) ・尊敬(そんけい) 존경 ・教(おそ)わる 배우다 ・大志(たいし) 큰 뜻 ・抱(いだ)く (마음) 품다 ・監督(かんとく) 감독 ・代表作(だいひょうさく) 대표작 ・挙(あ)げる 거행하다 ・〜つもりだ 〜할 생각이다, 작정이다 ・演奏(えんそう) 연주 ・才能(さいのう) 재능 ・衝撃(しょうげき)を受ける 충격을 받다

02_환경과 관련된 어휘 및 표현

- 한국인 학습자가 틀리기 쉬운 환경 관련 일본어 어휘
- 한국어 다의어 동사의 일본어 번역

- 한국어와 일본어의 환경 관련 어휘 차이를 알 수 있다.
- 한국어 다의어 동사의 구체적인 의미를 이해하여 일본어로 번역할 수 있다.

[1] 환경 관련 어휘

※ ◎(가장 적절함), ○(사용됨), △(일부에서는 사용되지만 일반적이지 않음), ×(해당 의미로 사용되지 않음)

1) 날씨, 생태

(1) 가뭄
→ ◎ 干ばつ(かん-)
→ ◎ 日照(ひで)り
- 가뭄이 지속되다 ▶ 干ばつが続く
- 가뭄 피해를 입다 ▶ 干ばつに見舞(みま)われる

(2) 멸종
→ × 滅種

→◎ 絶滅(ぜつめつ)

- 멸종 위기에 놓이다 ▶ 絶滅の危機にひんする
- 멸종 위기종 ▶ 絶滅危惧種(－きぐしゅ)

(3) 산성비

→◎ 酸性雨(さんせいう)

cf. 산성 ▶ 酸性

알카리성 ▶ アルカリ性

(4) 서식(하다)

→△ 棲息(せいそく): 상용 외 한자가 사용됨

(cf. 첨단 ▶ ◎ 先端, △ 尖端(상용 외))

→◎ 生息(せいそく)

- 반달곰 서식지 ▶ ツキノワグマの生息地

(5) 철새

→ 渡(わた)り鳥(どり)

cf. 여름 철새 ▶ 夏鳥(なつどり)

겨울 철새 ▶ 冬鳥(ふゆどり)

텃새 ▶ 留鳥(りゅうちょう)

- 제비 ▶ ツバメ
- 뻐꾸기 ▶ カッコウ
- 기러기 ▶ ガン, カリ

2) 생활

(1) 새집 증후군

→ シックハウス症候群(しょうこうぐん)

cf. 두통 ▶ 頭痛(ずつう)

현기증 ▶ めまい

구역질 ▶ 吐き気(はきけ)

(2) 석면

    →○ 石綿(いしわた/せきめん)

    →◎ アスベスト

(3) 에너지 절약

    →△ エネルギー節約

    →◎ 省エネ(しょう−)・省エネルギー

      cf. 돈을 절약하다 ▶ お金を節約する

(4) 온실가스

    →× 温室ガス(おんしつ−)

    →◎ 温室効果ガス(−こうか−)

    • 온실가스를 감축하다 ▶ 温室効果ガスを削減(さくげん)する

(5) 유기농~

    →× 有機農(ゆうきのう)

    − 有機農業・有機農作物에만 사용

    →◎ 有機~

    →◎ オーガニック~

    • 유기농 채소 ▶ 有機野菜(−やさい)

    • 유기농 화장품 ▶ オーガニック化粧品

              ▶ オーガニックコスメ

              ▶ ナチュラルコスメ(自然派化粧品)

(6) 친환경~

    →× 親環境

    →◎ エコ, エコロジー

    →◎ 環境(かんきょう)にやさしい

    →◎ 地球(ちきゅう)にやさしい

    • 친환경 자동차 ▶ エコカー

    • 친환경 세제 ▶ エコ洗剤(せんざい)

[2] 한국어 다의어 동사 번역

1) 이번 과의 다의어 동사

떠오르다, 들어가다, 놓이다, 시달리다

2) 떠오르다

(1) '떠오르다'의 한국어 의미

- 위를 향해서 떠서 올라가다
- 기억이 되살아나거나 생각이 나다
- 관심의 대상이 되어 나타나다

(2) '떠오르다'에 대응하는 일본어

出る, 思い出される, 思い浮かぶ, 浮かび上がる/浮上する

(2-1) 떠오르다 → 出(で)る(자동사)

- '위를 향해서 떠서 올라가다'의 의미로 「昇(のぼ)る」를 쓰기도 하지만 「出る」를 더 많이 사용
- 숨겨져 있는 것, 안에 들어 있는 것이 밖으로 나타남, 모습을 드러냄
- 「日が出る」(해가 떠오르다)
- 「月が出る」(달이 떠오르다)

(2-2) 떠오르다 → 思い出される(수동)

- 과거의 일이나 잊고 있던 일이 마음 속에서 떠오르다
- 「家族と一緒に暮らした日々が次々と思い出される」(가족과 함께 보낸 나날이 차례차례 떠오른다)
- 「昔のことが思い出される」(옛날 일이 떠오르다)

(2-3) 떠오르다 → 思い浮(う)かぶ(자동사)

- 마음 속에서 떠오르다
- 「名案が思い浮かぶ」(명안이 떠오르다)
- 「みんなの顔が思い浮かぶ」(모두의 얼굴이 떠오른다)

(2-4) 떠오르다 → 浮かび上がる/浮上(ふじょう)する(자동사)

- 이제까지 불분명했던 일이 주목받게 되다, 두각을 드러내지 않던 자가 유력한 위치

에 나타나다
- 「夏の省エネ対策が話題として浮かび上がった/浮上した」(여름 에너지 절약 대책이 화두로 떠올랐다)

3) 들어가다

(1) '들어가다'의 한국어 의미
- 안으로 들어가다, 구성원이 되다, 범위에 포함되다 등
- 새로운 상태나 시기가 시작되다
- 어떤 일에 돈, 노력, 물자 등이 쓰이다
- 물체의 겉면이 안으로 우묵하게 되다

(2) '들어가다'에 대응하는 일본어
入る(대다수), 取りかかる, かかる, へこむ

(2-1) 들어가다 → 取りかかる(자동사)
- 시작하다, 착수하다
- 「準備に取りかかる」(준비에 들어가다)
- 「新しい仕事に取りかかる」(새 업무에 들어가다)

(2-2) 들어가다 → かかる(자동사)
- 비용・노력・시간 등을 필요로 하다, 소비되다
- 「お金も時間もかかる」(돈도 시간도 들어간다)
- 「修理には１０万円以上かかる」(수리에는 10만엔 이상이 들어간다)

(2-3) 들어가다 → へこむ(자동사)
- 표면이 움푹 들어가다
- 「指で押すとへこむ」(손가락으로 누르면 들어간다)

4) 놓이다

(1) '놓이다'의 한국어 의미
- 걱정이나 긴장 등이 잊혀지거나 풀어져 없어지다
- 잡거나 쥐고 있던 물체가 어떤 곳에 있게 되다
- 어떤 시설이나 장치가 설치되다
- 곤란하거나 피하고 싶은 상황에 처하다

(2) ‘놓이다’에 대응하는 일본어

　　安心する, 置いてある, 通る, 敷かれる, 追い込まれる, 置かれる, 瀕する

(2-1) 놓이다 → 安心(あんしん)する

　　• 걱정, 불안이 없어 마음이 편안해짐, 마음이 놓이다

　　•「母を安心させる」(엄마 마음을 놓이게 하다)

　　•「安心してぐっすり眠る」(마음이 놓여 푹 자다)

(2-2) 놓이다 → 置いてある

　　• 사물이 어떤 위치・장소에 있다(누군가 놓았다)

　　•「店の前に看板が置いてある」(가게 앞에 간판이 놓여 있다)

　　•「テーブルの上に花瓶が置いてある」(탁자 위에 꽃병이 놓여 있다)

(2-3) 놓이다 → 通(とお)る(자동사)

　　• 사람 등이 이동하는 길이 설치되다, 뚫리다

　　•「高速道路が通る」(고속도로가 놓이다)

　　•「鉄道が通る」(철도가 놓이다)

(2-4) 놓이다 → 敷(し)かれる

　　• 시설이 설치되다, 배치되다

　　•「鉄道が敷かれる」(철도가 놓이다)

　　•「水道が敷かれる」(수도가 놓이다)

(2-5) 놓이다 → 追(お)い込(こ)まれる

　　• 괴로운 입장에 서게 되다

　　•「絶体絶命のピンチに追い込まれる」(절체절명의 위기에 놓이다)

(2-6) 놓이다 → 置(お)かれる

　　• 사람, 사물이 어떤 장소에 놓이다

　　•「困難な状況に置かれる」(곤란한 상황에 놓이다)

　　•「厳しい状況に置かれている」(힘든 상황에 놓여 있다)

(2-7) 놓이다 → 瀕(ひん)する(자동사)

　　• 어떤 중대한 사태가 임박하다, 직면하다

　　•「絶滅の危機に瀕している」(멸종위기에 놓여 있다)

5) 시달리다

(1) '시달리다'의 한국어 의미

- (~에게) 괴로움이나 성가심을 당하다

(2) '시달리다'에 대응하는 일본어

相手をさせられる, 苦しめられる, うなされる, 苦しむ, あえぐ, 侵される

(2-1) 시달리다 → 相手をさせられる

- 억지로 상대를 하게 되다
- 「子どもの相手をさせられて疲れた」(아이들에게 시달려서 지쳤다)
- 「孫の相手をさせられる」(손주에게 시달리다)

(2-2) 시달리다 → 苦(くる)しめられる

- 육체적·정신적인 고통을 받아 괴로워하다
- 「重税に苦しめられる」(무거운 세금에 시달리다)
- 「病に苦しめられる」(병에 시달리다)

(2-3) 시달리다 → うなされる

- 무서운 꿈을 꾸어 잠든 채로 괴로운 소리를 내다, 가위 눌리다
- 「悪夢にうなされる」(악몽에 시달리다)

(2-4) 시달리다 → 苦(くる)しむ(자동사)

- 육체적 통증이나 괴로움을 느껴 힘들어 하다
- 「飢えに苦しむ」(굶주림에 시달리다)
- 「神経痛に苦しむ」(신경통에 시달리다)

(2-5) 시달리다 → あえぐ(자동사)

- 곤란한 상황에 괴로워하다
- 「不況にあえぐ」(불황에 시달리다)
- 「貧困にあえぐ」(빈곤에 시달리다)
- 「経営難にあえぐ」(경영난에 시달리다)

(2-6) 시달리다 → 侵(おか)される

- 피해를 입다, 병으로 심신이 상하다
- 「癌に侵される」(암에 시달리다)
- 「結核に侵されている」(결핵에 시달리다)
- 「病魔に侵されている」(병마에 시달리다)

03_학습정리

1) 지시표현

- 일본어 지시표현 「こ」「そ」「あ」는 현장지시(대립형·융합형)와 문맥지시의 용법으로 나뉘어짐
- 현장지시(대립형): 현장에서 화자와 청자가 떨어진 위치에 있을 때. 화자를 중심으로 특정 대상이 화자 영역에 속하면 「こ」계열, 청자 영역에 속하면 「そ」계열, 화자와 청자 영역에 속하지 않으면 「あ」계열 사용
- 현장지시(융합형): 현장에서 화자와 청자가 같은 위치에 있을 때. 화자(청자)에 가까이 있는 대상은 「こ」계열, 멀리 있는 대상은 「あ」계열, 중간에 있는 대상은 「そ」계열 사용
- 문맥지시(대화): 대화 내용에서 특정 대상(화제)을 가리킬 때 사용
- 「こ」계열: ① 화자가 앞으로 언급하고자 하는 화제 내용
  　　　　　 ② 방금 나온 화제 내용
- 「そ」계열: ① 방금 나온 화제 내용
  　　　　　 ② 상대방이 말한 내용
- 「あ」계열: 화자와 청자가 공통으로 알고 있는 화제 내용

2) 문장에서 문맥지시 사용

- 「あ」계열 지시표현은 사용하지 않고 「こ」계열과 「そ」계열을 혼용
- 「こ」계열만 사용하는 경우: ① 필자가 앞으로 언급하려 하는 화제
  　　　　　　　　　　　　② 글에서 문장, 어구, 그림 등을 직접적으로 지시할 경우
  　　　　　　　　　　　　③ 앞의 지시대상을 다른 말로 바꿔서 나타낼 때
- 「そ」계열만 사용하는 경우: ① 앞으로 일어날 일이나 가정한 내용
  　　　　　　　　　　　　② 앞의 지시대상인 사람·사물·사항과 관계가 있는
  　　　　　　　　　　　　　사람·사물·사항을 나타낼 때

3) 한국인 학습자가 혼동하기 쉬운 환경 관련 어휘

- 가뭄 ▶ 干ばつ, 日照り
- 멸종 ▶ 絶滅
- 산성비 ▶ 酸性雨
- 서식 ▶ 生息
- 철새 ▶ 渡り鳥
- 새집증후군 ▶ シックハウス症候群
- 석면 ▶ アスベスト
- 에너지 절약 ▶ 省エネ
- 온실가스 ▶ 温室効果ガス
- 유기농 ▶ 有機〜, オーガニック〜
- 친환경 ▶ エコ, 環境にやさしい, 地球にやさしい

4) 한국어 다의어 동사의 일본어 번역

- 떠오르다: 出る, 思い出される, 思い浮かぶ, 浮かび上がる/浮上する
- 들어가다: 入る, 取りかかる, かかる, へこむ
- 놓이다: 安心する, 置いてある, 通る, 敷かれる, 追い込まれる, 置かれる, 瀕する
- 시달리다: 相手をさせられる, 苦しめられる, うなされる, 苦しむ, あえぐ, 侵される

04_실전 문제

Q 1 밑줄 안에 알맞은 지시표현을 골라 봅시다.

(1) A: それは何の本ですか。

B: ＿＿＿＿＿は吉本ばななの小説です。

(2) A: 友達から「くまのぬいぐるみ」をもらったんだ。

B: 本当？＿＿＿＿＿って君が前から欲しがっていたものじゃないの。

(3) A: 昨日は、高田さんおすすめのレストランで一緒に食事をしたんだ。

B: えっ、高田さんと行ったの？＿＿＿＿＿人グルメだから、おいしい店に連れっ
てってもらったんじゃない？いいな。

(4) (タクシーの客が運転手に目の前のコンビニを指さして)

すみませんが、＿＿＿＿＿＿＿で停めて下さい。

Q 2 괄호 안에 알맞은 지시표현을 골라 봅시다.

(1) 私には大切にしている写真がある。(この/その/あの)写真を見ると、昔のことが
思い出される。

(2) ベートーヴェンの交響曲第五番は通称「運命」と呼ばれている。私は(この/その/あ
の)クラシックの名曲を聴くとインスピレーションが刺激される。

(3) 9時発の特急電車に間に合ったら、(これ/それ/あれ)に乗って行こう。

(4) ねえねえ、(この/その/あの)話知ってる？佐藤さんって、鈴木君と付き合ってる
らしいよ。

(5) 現場から男が一人逃走しているため、警察では(この/その/あの)行方を追っている。

(6) 「松島やああ松島や松島や」。(これ/それ/あれ)は松尾芭蕉の詠んだ俳句として知
られているが、本当は別人が詠んだものであるという。

Q 3 다음 문장을 일본어로 바꾸어 봅시다.

(1) 기후변화의 영향으로 극심한 가뭄에 시달리고 있다.

_____

(2) 야생동물들은 밀엽으로 멸종 위기에 놓여 있다.

_____

(3) 발암물질인 석면 사용은 2009년부터 전면 금지되었다.

_____

(4) 일괄 소등 스위치를 사용함으로써 에너지 절약 효과를 높인다.

_____

(5) 기후변화의 원인으로 온실 가스가 지목되고 있다.

_____

(6) 화장품 시장에서 유기농 화장품이 새로운 트렌드로 떠올랐다.

_____

(7) 철새들은 항상 무리를 지어 생활한다.

_____

(8) A사는 국내 최초로 친환경 자동차에 들어가는 부품을 개발하였다.

_____

Q 4 다의어 동사의 의미에 주의하면서 다음 문장을 일본어로 바꾸어 봅시다.

(1) 아무리 생각해 봐도 그 사람의 이름이 떠오르지 않았다.

_____

(2) 강호 A고등학교의 패배로 라이벌 팀인 B고등학교가 우승후보로 떠올랐다.

_____

(3) 자료 조사를 마친 다음에 분석 작업으로 들어갈 예정이다.

_____

(4) 이 지역에 철로가 놓인다는 소문이 있다.

_____

(5) 이번에는 내가 그와 유사한 상황에 놓이게 되었다.

_____

(6) 설날에는 종일 조카들에게 시달렸다.

_____

(7) 의사는 고통에 시달리는 환자에게 진통제를 투여하였다.

_____

(8) 현대인은 과도한 스트레스로 인해 각종 질병에 시달리고 있다.

_____

실전 문제 단어

・交響曲(こうきょうきょく) 교향곡 ・通称(つうしょう) 통칭 ・インスピレーション 영감 ・刺激(しげき) 자극 ・逃走(とうそう) 도주 ・行方(ゆくえ) 행방 ・松尾芭蕉(まつおばしょう) 마쓰오바쇼 ・詠(よ)む 읊다 ・俳句(はいく) 하이쿠 ・密猟(みつりょう) 밀엽 ・発(はつ)がん 발암 ・禁止(きんし)される 금지되다 ・全室消灯(ぜんしつしょうとう)スイッチ 일괄 소등 스위치 ・気候変動(きこうへんどう) 기후변화 ・常(つね)に 항상 ・群れ(むれ)を成(な)す 무리를 짓다 ・部品(ぶひん) 부품 ・いくら～ても 아무리 ~해도 ・強豪(きょうごう) 강호 ・敗退(はいたい) 패배 ・資料調査(しりょうちょうさ) 자료조사 ・分析(ぶんせき) 분석 ・甥っ子(おいっこ) 남 조카 ・姪っ子(めいっこ) 여 조카 ・鎮痛剤(ちんつうざい) 진통제 ・投与(とうよ)する, 打つ (주사) 투여하다

「もの・こと・の」, 여가 관련 어휘

01_「もの・こと・の」

- 한국어 '것'에 해당하는 일본어 「もの・こと・の」
- 「もの・こと・の」의 사용 구분

학습목표

- 한국어 '것'에 해당하는 일본어 「もの・こと・の」의 특징을 구분할 수 있다.
- 「もの・こと・の」를 구분해서 글로 쓸 수 있다.

[1] 도입문제

- 다음 문장에서 맞는 표현을 골라 봅시다.

  問1 大事な(もの/こと)を言う(の/こと)を忘れた。

  　　답: こと, の/こと

  問2 あ、のど渇いた。なにか冷たい(もの/こと)ないの？

  　　답: もの

  問3 昨日、人が道で倒れた(の/こと)を見た。

  　　답: の

  問4 外国人が切符を買う(の/こと)を手伝った。

  　　답: の

  問5 今の目標は日本に就職する(の/こと)だ。

  　　답: こと

  ※「もの・こと・の」를 구분해서 사용해 봅시다!

[2] 「もの」와「こと」

1) 「もの」와「こと」

  (1) 한국어 '것'에 해당하는 일본어「もの」・「こと」

    • 「もの」: 한자로 '物'를 쓴다. 형태가 있고 눈으로 보이는 실체를 가진 것에 대해 사용한다.

    • 「こと」: 한자로 '事'를 쓴다. 형태가 없이 눈으로 보이지 않는 내용에 대해 사용한다.

    • 이 둘은 한자보다 히라가나로 쓰는 것이 일반적이다.

  (2) 「명사구 + こと」

    • 사고(思考), 발언, 지식 등을 나타내는 명사구

    예 君に伝えたいことがある。 (너에게 전하고 싶은 것(말)이 있어.)

    • 명사구는 '〜라는 사실, 사항, 일 등'을 나타낸다.

    예1 私たちだけで外食に行ったことは、お父さんには内緒にしてね。

      (우리들만 외식하러 간 것(일)은 아빠에게는 비밀로 해 줘.)

    예2 卒論のテーマ、どうしよう。書くことが浮かばなくて悩んでいるんだ。

      (졸업논문 주제 어떡하지? 쓸 게(내용) 떠오르지 않아 고민이야.)

  (3) 「명사구 + もの」

    • 형태가 있는 사물, 소유물(〜のもの)

    예1 君に渡したいものを忘れてきちゃった。

      (너에게 전해 주고 싶은 것을 깜빡해서 안 가지고 왔어.)

    예2 これはクラスのみんなが使うものだから、大切に使ってください。

      (이건 반 사람 모두가 사용하는 거니까 아껴 써 주세요.)

    • 주의점: 관용표현에서는 말, 지식, 사항을 나타내기도 한다.

    • 「物を言う」(말하다, 힘이 되다), 「物が分かる」(사리를 잘 알다), 「物は考えよう」(같은 일도 생각하기 나름)

2) 명사에 접속하는 「こと」

(1) 「명사＋のこと」

- 비교: ①「田中さんを知っている」vs. ②「田中さんのことを知っている」

① 다나카라는 사람이 있다는 것을 안다.

② 다나카가 어떠한 사람이라는 것을 안다.

- 「～のこと」는 「～について」로 바꿔서 쓸 수 있다.

(2) 「명사(사람)＋のこと」

- 사람에 대한 명사에 「～のこと」를 사용하는 것은 주로 사고, 발화, 감정을 나타내는 동사이다.
- 항상 「～のこと」를 사용하는 동사
  - 「考える」「話す」「尋ねる」「悩む」등

예 野村さんは、自分のことを全然話してくれない。

(노무라 씨는 자신에 대해서 전혀 이야기해 주지 않는다.

- 「のこと」 사용이 수의적인 동사(형용사)
  - 「知る」「紹介する」「思う」「思い出す」「忘れる」「心配する」「気になる」「怒る」「好きだ」「きらいだ」등

예 彼女(のこと)が好きだ。(그녀를 좋아한다.)

- 주의사항: 「知る」는 「のこと」의 접속 여부에 따라 의미가 변한다. 하지만 「好きだ」는 의미 변동이 없다.

3) 「という」에 접속하는 「もの」와 「こと」

(1) 「{명사 or 문장}＋という＋{もの/こと}」

- 「という」를 사용해 화제로 삼을 경우
  - 명사→「もの」(명사＋というもの)
  - 문장→「こと」(문장＋ということ)

예1 君には常識というものがないのか? (너는 상식이란 게 없니?)

예2 限られた時間の中でいかに成果を出すかということが重要だ。

(한정되어 있는 시간 안에 어떻게 성과를 낼 것인가가 중요하다.)

[3] 「の」와「こと」

1) 명사화 기능
(1) 명사화 기능을 하는 「の」와「こと」
- 「の」와「こと」는 동사, 형용사, 문장 뒤에 접속하여 이들을 명사구로 만드는 명사화 기능이 있다.
- 대부분의 동사, 형용사는 이 둘을 구분 없이 사용한다. 「の」쪽이 보다 구어체적인 표현이다.
- 「の」와「こと」를 모두 취하는 동사, 형용사
- (を) 認める・確かめる・思い出す・忘れる・知る・決める・覚える・期待する・信じる・断る・やめる・楽しむ・喜ぶ・疑う…
- (が) 好きだ・きらいだ・分かる・真実だ・うれしい…
- (に) 気がつく…

   예1 テレビゲームをする(の/こと)が好きだ。(비디오 게임을 하는 것을 좋아한다.)
   예2 全員来ている(の/こと)を確認した。(다 온 것을 확인했다.)

2) 「こと」만 사용할 경우
(1) 「こと」만을 사용해서 명사화를 할 경우
   ① 「です/だ/である」의 앞
   예 今日の仕事はデーターを入力する{の/こと}です。
      (오늘 할 일은 데이터를 입력하는 것입니다.)
   ② 고정된 문형 표현
   ─ 「ことにする」「ことになる」「ことがある」「ことはない」「ことができる」
      예 仕事をやめる{の/こと}にした。(일을 그만두기로 했다.)
   ③ 「こと」를 사용하는 동사
   ─ 命じる・約束する・提案する・考える・報告する・打ち明ける・使える・話す・誓う・決める…
      예1 法令を遵守する{の/こと}を約束します。
         (법령을 준수할 것을 약속하겠습니다.)
      예2 転職する{の/こと}に決めた。(전직하기로 결정했다.)

3) 「の」만 사용할 경우

(1) 「の」만을 사용해서 명사화를 할 경우

① 지각이나 감각을 나타내는 동사 앞

- 見る・見える・眺める・聞く・聞こえる・感じる…

例 子どもたちが歌を歌っている(の/こと)が聞こえる。

(아이들이 노래를 부르고 있는 것이 들린다.)

② 「の」를 사용하는 동사 앞

- 手伝う・止める・待つ・がまんする…

例 涙がこみ上げてくる(の/こと)をがまんした。

(눈물이 북받쳐 오르는 것을 참았다.)

③ 「~のは…だ」 구문: 「~」는 이미 언급된 사항, 「…」는 강조의 대상.

例 彼女に初めて出会った(の/こと)は入学式のときだ。(⇦ 入学式のときに、彼女に初めて出会った。)(그녀를 처음 만난 것은 입학식 때다.)

[4] 도입문제 해설

• 다음 문장에서 맞는 표현을 골라 봅시다.

問1 大事な(もの/こと)を言う(の/こと)を忘れた。

- '말'을 나타내는 것 「こと」 사용, 「忘れる」는 둘 다 가능

問2 あ、のど渇いた。なにか冷たい(もの/こと)ないの？

- 구체적인 사물(마실 것)

問3 昨日、人が道で倒れた(の/こと)を見た。

- 지각을 나타내는 동사 앞

問4 外国人が切符を買う(の/こと)を手伝った。

- 「の」 사용하는 동사 앞

問5 今の目標は日本に就職する(の/こと)だ。

- 「だ」 앞에서는 「こと」만 사용

02_여가와 관련된 어휘 및 표현

학습내용

• 한국인 학습자가 혼동하기 쉬운 여가 관련 일본어 어휘
• 한국어 다의어 동사의 일본어 번역

학습목표

• 한국어와 일본어의 여가 관련 어휘 차이를 알 수 있다.
• 한국어 다의어 동사의 구체적인 의미를 이해하여 일본어로 번역할 수 있다.

[1] 여가 관련 어휘

※ ◎(가장 적절함), ○(사용됨), △(일부에서는 사용되지만 일반적이지 않음), ×(해당 의미로 사용되지 않음)

1) 스포츠

(1) 9회 초/말 (야구)

→ × 9回初(きゅうかいはつ)/末(－まつ)

→ ◎ 9回表(－おもて)/裏(－うら)

• 포지션: ピッチャー(1)、キャッチャー(2)、ファースト(3)、セカンド(4)、サード(5)、ショート(6)、レフト(7)、センター(8)、ライト(9)

• －루타 ▶ －塁打(るいだ), 안타 ▶ 安打(あんだ)

(2) 자책골(축구)

　　→ ◎ オウンゴール(1994년도부터 공식 명칭)

　　→ ○ 自殺点(じさつてん)

　　・(자책)골을 넣다 ▶ (オウン)ゴールを入れる/決める

　　・승부차기 ▶ PK戦(ピーケーせん)

(3) 평가전(축구)

　　→ ◎ 強化試合(きょうかじあい)

　　→ ◎ 親善試合(しんぜん-)

　　・평가전을 치르다 ▶ 強化試合を行う

　　・무승부 ▶ 引き分け, (1승1무2패 ▶ 1勝2敗1引き分け)

(4) 승부조작

　　→ ◎ 八百長(やおうちょう⇐八百屋の長兵衛): 시합을 통하여 금전적 이익이 발생

　　　cf. 짜고 치는 고스톱 ▶ 出来レース(でき-)

　　　　금전적 이익 보다 인적 네트워크를 중시한 결과

(5) 헬스 클럽/헬스장

　　→ ◎ フィットネスクラブ

　　→ ◎ スポーツジム/ジム

　　→ ◎ スポーツクラブ

　　→ ○ ヘルスクラブ

(6) 윗몸 일으키기

　　→ ◎ 腹筋(ふっきん)・腹筋運動(-うんどう)

　　→ ○ 上体起(じょうたいお)こし

　　・스트레칭 ▶ ストレッチ

(7) 탈의실

　　→ ◎ 更衣室(こういしつ): 옷을 갈아 입는 곳(수영장)

→ ◎ 脱衣所(だついじょ): 옷을 벗는 곳(목욕탕, 사우나)

→ ◎ 試着室(しちゃくしつ): 피팅룸

- 수영복 ▶ 水着(みずぎ)

- 운동복 ▶ 運動着(うんどうぎ)・ジャージ

2) 문화생활

(1) 개봉(영화)

→ × 開封

→ ◎ 公開(こうかい)

→ ○ 封切り(ふうきり, −ぎり)

- 영화가 개봉된다 ▶ 映画が公開される

(2) 매진

→ ◎ 完売(かんばい)

→ ◎ 売り切れ(うりきれ)

　cf. 품절 ▶ 品切れ(しなぎれ)

- 표가 매진되다 ▶ チケットが完売する/売り切れる

(3) 예매

→ ◎ 前売(まえう)り

- 예매하다 ▶ 前売り券(けん)を買う

　cf. 前売り券⇔当日券(とうじつけん)

(4) 셀카

→ △ セルフカメラ, △ セルカ

- −棒(ぼう)를 붙여서 사용하기는 하지만 소수파 표현

→ ◎ 自撮(じど)り

→ ◎ 自分撮(じぶんど)り

- 셀카봉 ▶ 自撮り棒

(5) 대기실

　　→× 待機室(たいきしつ)

　　→◎ 控え室(ひかえしつ)

　　→◎ 楽屋(がくや): 극장, 방송국 등. 분장실

　　• 후보선수 ▶ 控え選手, 補欠選手(ほけつ−)

(6) TV 프로그램

　　→× テレビプログラム

　　→◎ テレビ番組(ばんぐみ)

　　• 예능프로 ▶ バラエティ(番組)

　　• 프로그램에서 하차하다 ▶ 番組を降板(こうばん)する/卒業(そつぎょう)する

[2] 한국어 다의어 동사 번역

1) 이번 과에서 볼 다의어 동사

치르다, 이루어지다, 열리다, 부르다

2) 치르다

(1) '치르다'의 한국어 의미

　　• 주어야 할 돈을 내주다

　　• 어떤 일을 겪어 내다

(2) '치르다'에 대응하는 일본어

　　支払う, 払う, 償う, 受ける, やり遂げる, 挙げる

(2-1) 치르다 → 支払(しはら)う(타동사)

　　• 대금, 요금을 지불하다. 금전을 지불하다

　　•「契約金を支払う」(계약금을 치르다)

　　•「一年分の家賃を支払う」(1년치 월세를 치르다)

(2-2) 치르다 → 払(はら)う(타동사)

- 어떤 목적을 위해 소중한 것을 사용하다
- 「勝利のために大きな犠牲を払った」(승리를 위해서 커다란 희생을 치렀다)

(2-3) 치르다 → 償(つぐな)う(타동사)

- 죄나 잘못의 대가를 치르다
- 「刑に服して罪を償う」(복역하여 죄값을 치르다)

(2-4) 치르다 → 受ける(타동사)

- 어떤 일에 응하여 치르다
- 「この冬、息子は大学入試センター試験を受ける」
  (이번 겨울에 아들은 대학입시 센터시험을 치른다)

(2-5) 치르다 → やり遂(と)げる(타동사)

- 곤란한 일을 완료하다
- 「困難な仕事をやり遂げた」(어려운 일을 치렀다)

(2-6) 치르다 → 挙(あ)げる(타동사)

- 결혼 등의 행사를 치르다
- 「教会で結婚式を挙げる」(교회에서 결혼식을 치르다)

3) 이루어지다

(1) '이루어지다'의 한국어 의미

- 어떤 상태나 결과가 생기거나 만들어지다
- 원하거나 뜻하는 대로 되다
- 무엇이 어떤 요소나 부분들로 만들어지거나 구성되다

(2) '이루어지다'에 대응하는 일본어

行われる, 結ばれる, 実る, 成就する, 実現する, 叶う, 形成される, 構成される

(2-1) 이루어지다 → 行(おこな)われる

- 어떤 일이나 동작이 실행되다
- 「議論が行われる」(논의가 이루어지다)
- 「分析が行われる」(분석이 이루어지다)

(2-2) 이루어지다 → 結(むす)ばれる

- 상호간의 약속이 이루어지다, 체결되다

- 「契約が結ばれる」(계약이 이루어지다)
- 「条約が結ばれる」(조약이 이루어지다)

(2-3) 이루어지다 → 実(みの)る(자동사)

- 노력이 보답받아 성과를 올리다, 결실을 맺다
- 「実ることのない片思い」(이루어질 수 없는 짝사랑)

(2-4) 이루어지다 → 成就(じょうじゅ)する(자동사)

- 어떤 일이 바라는 대로 이루어짐
- 「私の願いが成就しただけでも満足だ」(나의 소망이 이루어진 것만으로도 만족한다)

(2-5) 이루어지다 → 実現(じつげん)する(자동사)

- 계획, 기대 등이 현실로 이루어짐, 실현되다
- 「夢が実現する」(꿈이 이루어지다)
- 「願いが実現する」(바램이 이루어지다)

(2-6) 이루어지다 → 叶(かな)う(자동사)

- 바램이 이루어지다
- 「念願が叶う」(염원이 이루어지다)
- 「叶わぬ夢」(못다 이룬 꿈)

(2-7) 이루어지다 → 形成(けいせい)される

- 어떠한 형태로 이루어지다
- 「人格が形成される」(인격 형성이 이루어지다)

(2-8) 이루어지다 → 構成(こうせい)される

- 몇 가지 요소가 하나로 이루어지다
- 「日本の国会は衆議院と参議院から構成されている」(일본의 국회는 중의원과 참의원으로 이루어져 있다)

4) 열리다

(1) '열리다'의 한국어 의미

- 닫히거나 잠겨 있던 것이 트이거나 풀리다
- 모임이나 회의가 시작되다
- 하루의 영업이 시작되다
- 어떤 일의 중요한 기회나 조건이 새롭게 마련되다

(2) '열리다'에 대응하는 일본어

開く, 開かれる, 開催される, 幕が開く

(2-1) 열리다 → 開(あ)く(자동사)

- 가린 것, 덮인 것 등이 움직여져서 제거됨, 닫힌 것이 열림 ⇔ 閉(し)まる

- 「窓が開く」(창문이 열리다)

- 영업이 시작되다, 영업이 이루어지다 ⇔ 閉(し)まる

- 「店は何時まで開いていますか」(가게는 몇 시까지 엽니까?)

(2-2) 열리다 → 開(ひら)かれる

- 모임이 열리다, 개최되다

- 「個展が開かれる」(개인전이 열리다)

- 「同窓会が開かれる」(동창회가 열리다)

(2-3) 열리다 → 開催(かいさい)される

- 집회나 모임 등이 열리다

  「株主総会が開催される」(주주총회가 열리다)

(2-4) 열리다 → 幕(まく)が開く

- 시작하다, 개막하다「幕開け」

- 「『令和』という新しい時代の幕が開く」('레이와'라는 새로운 시대가 열리다)

5) 부르다

(1) '부르다'의 한국어 의미

- 말이나 행동으로 다른 사람을 오라고 하거나 주의를 끌다

- 이름이나 명단을 소리 내 읽으며 확인하다

- 남이 받아 적거나 되풀이할 수 있게 말하다

- 곡조에 따라 노래하다

- 구호나 만세 등을 큰 소리로 말하다

- 어떤 행동이나 말이 관련된 결과를 가져오다

(2) '부르다'에 대응하는 일본어

呼ぶ, 読み上げる, 歌う, 叫ぶ, 招く

(2-1) 부르다 → 呼(よ)ぶ(타동사)

- 큰 소리를 내어 주의를 끌다, 소리를 높여 자기 쪽으로 오게 하다

- 「ご飯だよと母が呼んでいる」(밥 먹으라고 엄마가 부르고 있다)

(2-2) 부르다 → 読み上げる(타동사)

- 큰 소리로 읽다

- 「受賞者の名前を読み上げる」(수상자 이름을 부르다)

(2-3) 부르다 → 歌う(타동사)

- 말에 박자 및 음정을 붙여 소리를 내다

- 「歌を歌う」(노래를 부르다)

(2-4) 부르다 → 叫(さけ)ぶ(자동사)

- 큰 소리를 내다, 큰 소리로 말하다

- 「万歳を叫ぶ」(만세를 부르다)

(2-5) 부르다 → 招(まね)く(타동사)

- 바람직하지 않은 사태를 불러 일으키다, 초래하다

- 「惨事を招く」(참사를 부르다)

- 「誤解を招く」(오해를 부르다)

- 「災いを招く」(재앙을 부르다)

단어

- 契約金(けいやくきん) 계약금　・家賃(やちん) 집세(월세)　・犠牲(ぎせい) 희생　・刑(けい)に服(ふく)す 형을 치르다, 복역하다　・罪(つみ) 죄　・大学入試センター試験(だいがくにゅうし—) 대학입시 센터시험(한국의 수능시험에 해당, 주로 국공립대학 응시에 사용됨)　・議論(ぎろん) 논의　・契約(けいやく) 계약　・条約(じょうやく) 조약　・片思(かたおも)い 짝사랑 cf. 両思(りょうおも)い 서로 좋아함　・願(ねが)い 소망, 바람　・個展(こてん) (미술) 개인전(個人展覧会(こじんてんらんかい)의 준말)　・同窓会(どうそうかい) 동창회　・株主総会(かぶぬしそうかい) 주주총회　・令和(れいわ) 레이와, 일본의 연호(元号(げんごう)) (2019년 5월 1일부터)　・受賞者(じゅしょうしゃ) 수상자　・万歳(ばんざい) 만세　・惨事(さんじ) 참사　・誤解(ごかい) 오해　・災(わざわ)い 재앙, 재난

03_학습정리

1) 「もの」와 「こと」

「もの」

- 형태가 있고 눈으로 보이는 실체를 가진 것에 대해 사용
- 소유물

「こと」

- 형태가 없이 눈으로 보이지 않는 내용에 대해 사용
- 사고(思考), 발언, 지식 등을 나타내는 명사구
- 명사구는 '~라는 사실, 사항, 일 등'을 나타냄

「~のこと」

- 「~のこと」는 「~について」로 바꿔서 쓸 수 있음
- 사람에 대한 명사에 「~のこと」를 사용하는 동사는 주로 사고, 발화, 감정을 나타내는 동사

「{명사/문장}+という+{もの/こと}」

- 「명사+というもの」
- 「문장+ということ」

2) **명사화 기능을 가진 「の」와 「こと」**

- 「の」와 「こと」는 동사, 형용사, 문장 뒤에 접속하여 이들을 명사처럼 만드는 역할을 함. 이 경우 대부분의 동사, 형용사는 이 둘을 구분 없이 사용
- 「こと」만 사용할 경우
  ① 「です/だ/である」의 앞
  ② 고정된 문형 표현(「ことにする」 등)
  ③ 「こと」만을 사용하는 동사(「報告する」 등)

- 「の」만 사용할 경우

  ① 지각이나 감각을 나타내는 동사(「見る」등)

  ②「の」를 사용하는 동사(「手伝う」등)

  ③「～のは…だ」구문

3) 한국인 학습자가 혼동하기 쉬운 여가 관련 어휘

스포츠

- 9회 초/말 ▶ 9回表/裏
- 자책골(축구) ▶ オウンゴール
- 평가전(축구) ▶ 強化試合, 親善試合
- 승부조작 ▶ 八百長, 出来レース
- 헬스 클럽/헬스장 ▶ フィットネスクラブ, (スポーツ)ジム, スポーツクラブ
- 윗몸 일으키기 ▶ 腹筋(運動)
- 탈의실 ▶ 更衣室, 脱衣所, 試着室

문화생활

- 개봉(영화) ▶ 公開
- 매진 ▶ 完売, 売り切れ
- 예매 ▶ 前売り
- 셀카 ▶ 自撮り, 自分撮り
- 대기실 ▶ 控え室, 楽屋
- TV 프로그램 ▶ テレビ番組

4) 한국어 다의어 동사의 일본어 번역

- 치르다: 支払う, 払う, 償う, 受ける, やり遂げる, 挙げる
- 이루어지다: 行われる, 結ばれる, 実る, 成就する, 実現する, 叶う, 形成される, 構成される
- 열리다: 開く, 開かれる, 開催される, 幕が開く
- 부르다: 呼ぶ, 読み上げる, 歌う, 叫ぶ, 招く

04_실전 문제

Q 1 괄호 안에 적절한 것을 골라 봅시다.

(1) お聞きしたい(もの/こと)があるんですが、今よろしいでしょうか。

(2) あなたは親の愛という(もの/こと)の大切さが分からないんですか。

(3) 君に見せたい(もの/こと)があるが、今時間ある？

(4) 新しいリーダーは、(部員/部員のこと)を考えてくれない。

Q 2 괄호 안에 「の」 또는 「こと」를 골라 써 봅시다.(둘 다 가능할 수도 있음)

(1) 後ろの席で誰かがおしゃべりをしている(　　)が聞こえてきた。

(2) いくら悔しくても泣く(　　)はないんじゃない？

(3) 上司に来年結婚する(　　)を伝えた。

(4) 荷物を運ぶ(　　)を手伝ってくれる？

(5) 貸したお金が返ってくる(　　)を信じています。

(6) 来年、海外に移住する(　　)を考えています。

Q 3 다음 문장을 일본어로 바꾸어 봅시다.

(1) 두 팀은 1차전에 이어 2차전에서도 또 비겼다.

(2) 브라질은 4강전에서 종료 직전에 상대 팀 수비 자책골로 이길 수 있었다.

(3) 그는 운동복으로 갈아입기 위해서 탈의실에 들어갔다.

_____

(4) 미세먼지가 심한 계절에는 헬스클럽 이용자가 늘어난다.

_____

(5) 인터넷을 통해 티켓을 예매할 수 있다.

_____

(6) A씨는 교통사고로 프로그램에서 하차하게 되었다.

_____

(7) 영화는 내년 상반기에 개봉될 예정이다.

_____

(8) 보고 싶은 영화의 표가 매진되어서 다른 영화를 볼 수 밖에 없었다.

_____

Q 4 다의어 동사의 의미에 주의하면서 다음 문장을 일본어로 바꾸어 봅시다.

(1) 꿈은 반드시 이루어질 것이다.

_____

(2) 내일까지 아파트 잔금을 치러야 한다.

_____

(3) 사장의 판단 착오가 회사 도산을 불렀다.

_____

(4) 앞으로 평생동안 이 죄값을 치르겠으니 용서해 주십시오.

_____

(5) 학교 대강당에서 스피치 대회가 열린다.

_____

(6) 지금 시간이면 약국 문이 열렸을 것이다.

_____

(7) 북미정상회담은 합의가 이루어지는 일 없이 중단되었다.

_____

(8) 문제를 부를 테니 잘 적으세요.

_____

실전 문제 단어

・移住(いじゅう) 이주 ・準決勝戦(じゅんけっしょうせん) 4강전 ・終了間際(しゅりょうまぎわ) 종료 직전 ・着替(きが)える 갈아입다 ・PM2.5(ピーエムにてんご) 미세먼지 ・交通事故(こうつうじこ) 교통사고 ・上半期(かみはんき) 상반기 cf. 하반기 下半期(しも—) ・~はずだ(주관적인 근거에 의한 추측), ~だろう(일반적인 추측) ~일 것이다 ・マンション 아파트 ・残金(ざんきん) 잔금 ・判断ミス(はんだんミス) 판단 착오 ・倒産(とうさん) 도산 ・一生(いっしょう)かけて 평생동안 ・許(ゆる)す 용서하다 ・大講堂(だいこうどう) 대강당 ・スピーチ大会(たいかい) 스피치 대회 ・薬局(やっきょく) 약국 ・米朝首脳会談(べいちょうしゅのうかいだん) 북미정상회담 ・合意(ごうい) 합의 ・打(う)ち切(き)り 중단 ・書き取る (받아쓰기) 적다

경어, 가정생활 관련 어휘

01_대우표현과 경어

- 일본어 대우표현에서 경어 사용
- 존경어, 겸양어, 정중어

- 일본어의 대우표현 상 경어 사용이 필요한 상황을 알 수 있다.
- 일본어 경어를 구사할 수 있다.

[1] 대우표현

1) 대우표현

(1) 대우표현(待遇表現)이란 무엇인가?

- 어떤 내용을 서술할 때 상대방이나 장면의 차이 등을 고려해서 전달방식을 구분하는 표현

  예1 この問題、教えて。(이 문제 가르쳐 줘.)

  예2 この問題を教えていただけませんか。(이 문제를 가르쳐 주실 수 있겠습니까?)

- 대우표현은 정중함 등을 고려하여 상향적 대우(정중한 말씨), 중립(보통체), 하향적 대우(비속어)로 구분

(2) 대우표현에서 정중함과 관련된 요소

① 상대방과의 관계

- 상하관계: 연령, 직급 등

- 친소관계: 처음 본 사람, 친한 사람 등
- 「ウチ・ソト」의 관계: 상대방이 자기가 속한 집단(가족, 회사, 학교)의 안에 있나 밖에 있나
② 장면 및 상황의 정중도
- 공적인 장면・상황: 많은 사람 앞에서 하는 연설 등
- 사적인 장면・상황: 개인적으로 차를 마시면서 하는 잡담
③ 전달 내용
- 화자(필자)가 이익을 얻을 수 있는 것 (= 상대방에 부담을 줄 수 있는 것)
- 중립적인 내용

(3) 정중함이 요구되는 경우
- 상대방과의 관계 : 윗사람과 이야기 할 경우, 첫 대면인 사람과 이야기 할 경우, 다른 {회사・집안}사람과 이야기 할 경우
- 장면 및 상황의 정중도: 회사 사람들 앞에서 이야기할 경우
- 전달 내용: 의뢰, 부탁 등을 할 경우

2) 상향적 대우표현

(1) 경어는 상향적 대우표현
- 청자(독자)나 화제의 인물에게 경의나 정중함을 나타낸다.
- 화자(필자)의 품위를 나타내거나 상대방과 거리를 두는 방법으로도 쓰인다.

(2) 경어는 비즈니스에서 매우 중요함
- 상대방 회사 사람과 대화를 하거나 그에게 문서를 보낸다면
  - 상대방은 「ソト」에 속한 사람이다.
  - 공적인 관계이다.
  - 부탁, 요청은 상대방에 부담이 될 수 있다.

3) 경어 사용의 주의점

(1) 상대방의 소속 집단에 따른 경어사용의 제한
- 「ソト」의 인물과 대화: 제3자를 화제로 삼을 때 「ウチ」에 속하면 그 인물에 대한

경어를 사용할 수 없다.
- 「ウチ」의 인물과 대화: 제3자가 화제가 될 경우는 상대방과 제3자와의 관계에 따라 경어를 사용하기도 한다.

[2] 경어

1) 경어의 종류

(1) 경어는 크게 3가지로 분류

| 존경어 | 겸양어 | 정중어 |

겸양어Ⅰ,
겸양어Ⅱ로 세분됨

(2) 존경어(尊敬語)
- 대화하는 상대방, 문장 속의 화제 인물이나 그 사람의 행동, 소유물, 처한 환경 등을 높여서 경의를 나타낸다.
    - (ら)れる
    - お・ご＋動(マス形)＋になる
    - お・ご＋動(マス形)＋だ/[の＋名]/ください
    - 특수형
- (ら)れる(수동형과 동일)
    - 書く → 書かれる
    - 教える → 教えられる
    - される, 来られる
    - 주의: 分かる → お分かりだ, できる → おできだ, ている → ておられる
    - 「お・ご～になる」, 특수형보다 경의도가 낮다.
- お・ご＋動(マス形)＋になる
    - お書きになる, お教えになる

- 「する」「来る」는 特殊形을 사용한다.
  - 「動(マス形)」이 1박(拍)일 경우에는 사용 안 한다. (예: 得(え)る → 得られます)
  - 「られる」보다 경의도가 높아 비즈니스 접객 등의 공적 장면에 자주 사용된다.
- お・ご＋動(マス形)＋だ/[の＋名]/ください
  - お待ちだ/お帰りだ
  - お待ちの方/お帰りのお客様
  - お待ちください/お帰りください
  - 「お・ご～になる」와 비교해서 일상적인 장면에 널리 사용된다.

(3) 겸양어Ⅰ(謙譲語Ⅰ)
- 자신, 자신의 행동, 소유물, 처한 환경 등을 낮추어 상대방에 대한 경의를 나타낸다.
  - お・ご＋動(マス形)＋する/いたす
  - 特殊形
- お・ご＋動(マス形)＋する/いたす
  - 사용되는 동사: 「人に」와 같이 직접적인 상대를 가지는 동사
    お知らせする　お届けする　お渡しする
    お預かりする　ご連絡する　ご案内する 등,
  - 사용되지 않는 동사: 동작이 주어의 범위에 머무는 행위, 감정동사(笑う, びっくりする, 感激する 등), 帰る, 座る, 結婚する, 手紙を書く 등.

(4) 정중어(丁寧語)
- 정중함을 나타냄으로써 상대에 대한 경의를 표함
  - です・ます

2) 특수형 경어

(1) 경어로 특수형을 사용하는 동사
- 일부 동사는 존경어로 「お・ご＋動(マス形)＋になる」, 겸양어로 「お・ご＋動(マス形)＋する/いたす」의 형태를 사용하지 않고 특수한 형태를 사용한다.

기본형	존경어	겸양어 I
行く・来る	いらっしゃる/おいでになる/お見(み)えになる/お越(こ)しになる	まいる/うかがう
いる	おいでになる/いらっしゃる	おる
する	なさる	いたす
言う	おっしゃる	申(もう)し上(あ)げる
聞く	———	うかがう/拝聴(はいちょう)する
見る	ご覧(らん)になる	拝見(はいけん)する
見せる	———	ご覧(らん)に入(い)れる/お目(め)にかける
食べる・飲む	召(め)し上(あ)がる	いただく
思う・知る	ご存(ぞん)じだ「知っている」만 해당됨	存(ぞん)じ上(あ)げる
着る・はく	お召(め)しになる	———
尋(たず)ねる・訪(たず)ねる		うかがう 방문은「まいる」도 가능
会う	———	お目にかかる「お会いする」도 가능
借りる	———	拝借(はいしゃく)する「お借りする」도 가능
帰る	———	お暇(いとま)する

- 「拝」가 사용되는 겸양어: 拝受する, 拝読する 등

3) 그 밖의 경어

(1) 겸양어 II (謙譲語 II)

- 의미상으로는 상대방이나 문장 속의 화제 인물을 높이거나 자신을 낮추지 않는다.
- 대화의 상대방이나 글의 독자에 대한 경어로 자신의 행위 뿐만 아니라 사물 등을 정중하게 전할 때 사용한다. 「丁重語」(ていちょうご)란 용어로 사용되기도 한다.
- 「ウチ」에 속한 제3자를 화제로 삼을 때에도 사용할 수 있다.

기본형	겸양어 Ⅱ
(~)する	(~)いたす
いる	おる
行く・来る	まいる
思う・知る	存じる
言う	申す
食べる・飲む	いただく

예1 ただ今、電車がまいります。(지금 전차가 옵니다.)

예2 きれいな絵が送られてまいりました。(아름다운 그림이 보내져 왔습니다.)

(2) 「させていただく」

- 문법적인 표현대로 누군가에게 허락 받고 하는 것보다 사람들에게 정중한 태도를 보이기 위해서 사용하는 표현이다.

예 これで私の発表を終わらせていただきます。(이것으로 제 발표를 마치도록 하겠습니다.)

(3) 「(で)ございます」

- 「です」「あります」를 더욱 정중하게 나타냄

鈴木です→鈴木でございます

質問があります→ご質問がございます

(4) 「お・ご+ 명사」

- 명사에 접두사 「お・ご」를 접속하면 품위 있고 정중한 표현이 된다.
- 원칙으로는 고유어에 「お」를 한자어에 「ご」를 접속한다.

예외: お時間, お電話, お勉強, お食事, お料理, お上手, ごゆっくり 등

- カタカナ어는 「お・ご」를 사용하기 어렵다.

(5) 「정중한 어구」(改まり語)

- 경어 형식 이외에도 공적 장면에서 정중함을 나타내는 다양한 어구도 사용한다. (문

어체 표현)

• 비즈니스 문서에서 많이 사용되므로 앞으로 다양한 표현을 학습할 예정이다.

기본형	어구표현
すみません	申し訳ありません
どうですか	いかがですか
いくらかは	多少は
後(あと)で	後(のち)ほど
今日	本日(ほんじつ)

02_가정생활과 관련된 어휘 및 표현

학습내용

- 한국인 학습자가 혼동하기 쉬운 가정생활 관련 일본어 어휘
- 한국어 다의어 동사의 일본어 번역

학습목표

- 한국어와 일본어의 가정생활 관련 어휘 차이를 알 수 있다.
- 한국어 다의어 동사의 구체적인 의미를 이해하여 일본어로 번역할 수 있다.

[1] 가정생활 관련 어휘

※ ◎(가장 적절함), ○(사용됨), △(일부에서는 사용되지만 일반적이지 않음), ×(해당 의미로 사용되지 않음)

1) 가족

(1) 외할머니/외할아버지

→ △ 外祖母(がいそぼ)/外祖父(－そふ)

→ ◎ 母方(ははかた)の祖母/母方の祖父

- 친(할머니/할아버지) ▶ 父方(ちちかた)の～
- 시어머니 ▶ 姑(しゅうとめ)(お～さん으로 쓰기도 함)・義理(ぎり)のお母さん・義母(ぎぼ)
- 시아버지 ▶ 舅(しゅうと)(お～さん으로 쓰기도함)・義理のお父さん・義父(ぎふ)

(2) 조카

　　→ ◎ (男)おい, 甥(おい)っ子

　　→ ◎ (女)めい, 姪(めい)っ子

　　・ (친)동생 ▶ 弟/妹

　　・ 고모, 이모, 숙모 ▶ おばさん, おば(伯母(부모보다 연상), 叔母(연하))

　　・ 큰아버지, 작은아버지, 삼촌, 고모부, 이모부 ▶ おじさん, おじ(伯父(연상), 叔父(연하))

　　・ 사위/ 며느리 ▶ 娘婿(むすめむこ), 義理の息子/嫁(よめ), 義理の娘

　　・ 손자/손녀 ▶ 孫(まご)/孫息子(まごむすこ)/孫娘(まごむすめ)

(3) 가정주부

　　→ × 家庭主婦

　　→ ◎ 専業主婦(せんぎょうしゅふ)

　　→ ◎ 主婦

　　・ (남자)주부 ▶ 主夫(しゅふ)

　　・ 가사 ▶ 家事(かじ)

2) 생활

(1) 공과금

　　→ × 公課金(cf. 公租公課(こうそこうか))

　　→ ◎ 公共料金(こうきょうりょうきん): 운수, 통신, 수도, 가스, 전기 등 국민 생활에
　　　　관계가 깊은 공익성이 강한 부문에 부과하는 요금

　　・ 전기세 ▶ 電気料金・電気代(－だい)

　　・ 가스비 ▶ 都市ガス料金・ガス代

　　・ 수도세 ▶ 水道料金(すいどう－)・水道代

　　・ 전기+가스 ▶ 光熱費(こうねつひ)

　　・ 전기+가스+수도 ▶ 水道光熱費

(2) 백색가전

　　→ 白物家電(しろものかでん): 냉장고, 세탁기, 건조기, 전기밥솥 등 가사 노동을 줄여
　　　　주는 생활가전의 총칭. 줄여서 「白物」라고도 함.

⇔ 黒物家電(くろもの－): 영상・음향기기, 게임기 등 오락을 제공하는 가정용 가전의 총칭. 「娯楽家電」(ごらく－). 줄여서 「黒物」라고도 함.

(3) 전기밥솥

→◎ 電気炊飯器(－すいはんき)

→○ 電気釜(－がま): 구식 용어

・밥을 짓다 ▶ ご飯を炊(た)く

・영양(솥)밥 ▶ 炊(た)き込(こ)みご飯

・밥주걱 ▶ しゃもじ

・뜸 들이다 ▶ 蒸(む)らす

(4) 생수

→× 生水(なまみず): 끓이지 않은 물을 음료로 사용할 경우에 쓰는 말, 맹물

・「旅行先で生水を飲んでお腹を壊した」(여행지에서 안 끓인 물을 마셔 배탈났다)

→◎ ミネラルウォーター

・식수 ▶ 飲料水(いんりょうすい), 飲み水

(5) 음식물 쓰레기

→生ごみ

・분리수거 ▶ 分別収集(ぶんべつしゅうしゅう)

・타는 쓰레기(종이, 플라스틱, 고무 등) ▶ 燃えるゴミ・可燃ごみ(かねん－)・燃やせるごみ

・안 타는 쓰레기(금속, 유리 등) ▶ 燃えないゴミ・不燃ごみ(ふねん－)・燃やせないごみ

・대형 폐기물 ▶ 粗大ごみ(そだい－)

・生－: 날고기(생고기) ▶ 生肉(なまにく)
　　　　　날생선 ▶ 生魚(なまざかな)

(6) 재활용

→× 再活用(さいかつよう): '다시 활용함'의 의미로 사용(예: 廃校(はいこう)の再活用)

→ ◎ リサイクル: 불필요한 물건을 자원으로 다시 활용함

→ ◎ 再利用・再使用: 기본적으로 형태를 그대로 유지하면서 다른 방식으로 사용함.

이면지 등

- 일회용 ▶ 使い捨て(つかいすて)

使い捨て(の)+명사

[2] 한국어 다의어 동사 번역

1) 이번 과에서 볼 다의어 동사

덮다, 버리다, 먹다

2) 덮다・덮히다

(1) '덮다'의 한국어 의미(덮히다 = 덮다의 피동형)

- 무엇이 드러나거나 보이지 않도록 다른 것을 얹어서 씌우다.
- 위가 뚫려 있는 물건을 뚜껑 등으로 가리거나 막다.
- 어떤 사실이나 내용을 따져 드러내지 않고 그대로 두거나 숨기다.

(2) '덮다・덮히다'에 대응하는 일본어(수동형도 사용)

(ひっ)かぶる, 覆(おお)う, ふたをする, 見逃(みのが)す

(2-1) 덮다・덮히다 → (ひっ)かぶる(타동사)

- 전체를 완전히 덮음, 「ひっ」을 첨가하면 덮는 기세가 강조됨
- 「布団をかぶって寝る」(담요를 덮고 자다)
- 「布団をひっかぶって寝る」(담요를 휙 덮어쓰고 자다)
- 「雪をかぶった山」(눈에 덮인 산)

(2-2) 덮다・덮히다 → 覆(おお)う(타동사)

- 어떤 사물이 주위를 모두 덮어 아래에 있는 물건이 가려짐
- 「山頂は雪に覆われていた」(산꼭대기는 눈에 덮혀 있었다)
- 「海は地球の表面の7割を覆っている」(바다는 지구 표면의 70퍼센트를 덮고 있다)

(2-3) 덮다·덮히다 → ふたをする

- 상자, 용기 등의 입구를 덮어서 막음
- ≒「ふたを閉める」(유의어)
- ⇔「ふたを開ける」(반의어)

(2-4) 덮다·덮히다 → 見逃(みのが)す(타동사)

- 어떤 잘못을 봐도 책망하지 않음. 봐주다, 눈감다
- 「今回だけは見逃してやろう」(이번만은 덮어 주겠다)

3) 버리다

(1) '버리다'의 한국어 의미

- 가지고 있을 필요가 없는 물건을 내던지거나 쏟거나 하다.
- 나쁜 성격이나 버릇을 없애다.
- 하던 일이나 직업을 그만두다.
- 마음속에 가졌던 생각을 스스로 잇다.
- 상하게 하거나 더럽혀서 쓰지 못하게 망치다.
- 건강이나 인격을 상하게 하다.

(2) '버리다'에 대응하는 일본어

　　捨(す)てる, 止(や)める, 辞(や)める, 失(うしな)う, あきらめる, 駄目にする, 壊(こわ)す

(2-1) 버리다 → 捨(す)てる(타동사)

- 필요 없는 것을 버리다. 손을 떼다 ⇔ 拾(ひろ)う
- 「ごみを捨てる」(쓰레기를 버리다)
- 「武器を捨てる」(무기를 버리다)

(2-2) 버리다 → 止(や)める(타동사)

- 지속해 왔던 상태, 동작, 행위를 멈추다. 끊다
- 「タバコを止める」(담배 피는 버릇을 버리다)
- 「酒を止める」(술 마시는 버릇을 버리다)

(2-3) 버리다 → 辞(や)める(타동사)

- 직책이나 지위를 버리다. 사직하다
- 「社長を辞める」(사장직을 버리다)

(2-4) 버리다 → 失(うしな)う(타동사)

- 지금 가지고 있는 것, 몸에 갖추고 있는 것 등을 잃다
- 「失望とは希望や期待を失うことである」

  (실망이란 희망이나 기대를 버리는 것을 말한다)

(2-5) 버리다 → あきらめる(타동사)

- 희망이나 가망이 없다고 생각하여 그만두다. 단념하다
- 「夢をあきらめる」(꿈을 버리다)

(2-6) 버리다 → 駄目(だめ)にする

- 좋지 않은 상태나 도움이 되지 않는 상태로 만듦
- 「靴を駄目にする」(신발을 버리다)
- 「服を駄目にした」(옷을 버렸다)

(2-7) 버리다 → 壊(こわ)す(타동사)

- 고장을 일으켜 정상적인 기능을 잃게 함
- 「働きすぎて体を壊す」(과도한 노동으로 몸을 버리다)

4) 먹다

(1) '먹다'의 한국어 의미

- 음식 등을 입을 통하여 배 속에 들여보내다.
- 기체나 액체로 된 것을 마시다.
- 어떤 나이가 되거나 나이를 더하다.
- 겁이나 충격 등을 느끼게 되다.
- 물이나 습기 등을 빨아들이다.

(2) '먹다'에 대응하는 일본어

食べる, 飲む, 年を取る, おびえる, 怖(こわ)がる, 衝撃(しょうげき)を受ける, 吸(す)う

(2-1) 먹다 → 食べる(타동사)

- 음식을 입에 넣어 씹어서 삼키다. 「食(く)う」보다 품위 있는 단어
- 「果物を食べる」(과일을 먹다)

(2-2) 먹다 → 飲む(타동사)

- 액체 등을 입에서 몸 안으로 삼킴

- 「水を飲む」(물을 먹다)

- 「薬を飲む」(약을 먹다)

(2-3) 먹다 → 年を取る

- 나이를 더하다

- 「年を取ればそれだけ世の中のことが分かるようになる」

  (나이를 먹으면 그만큼 세상에 대해서 알게 된다)

(2-4) 먹다 → おびえる(타동사)

- 겁을 먹다

- 「おびえたような目つき」(겁을 먹은 듯한 눈빛)

(2-5) 먹다 → 怖(こわ)がる(타동사)

- 어떤 사물이나 일을 두려워 하다, 겁을 먹다

- 「暗がりを怖がる」(어두운 곳에 겁을 먹다)

(2-6) 먹다 → 衝撃(しょうげき)を受ける

- 생각치 못한 일에 마음에 커다란 동요가 일어나다

- 「大きな衝撃を受ける」(커다란 충격을 먹다)

(2-7) 먹다 → 吸(す)う(타동사)

- 수분이나 기체를 흡수하다

- 「スポンジは水を吸う」(스펀지가 물을 먹다)

- 「タバコを吸う」(담배를 먹다)

단어

- 山頂(さんちょう) 산꼭대기　· ~割(わり) ~할　· 武器(ぶき) 무기　· 失望(しつぼう) 실망
- 希望(きぼう) 희망　· 世の中(よのなか) 세상　· 目つき 눈빛, 눈매　· 暗(くら)がり 어두운 곳, 어둠

03_학습정리

1) 대우표현

- 어떤 내용을 서술할 때 상대방이나 장면의 차이 등을 고려해서 전달방식을 구분하는 표현
- 대우표현에서 정중함과 관련된 요소

   ① 상대방과의 관계(상하관계, 친소관계, 「ウチ・ソト」의 관계)

   ② 장면 및 상황의 정중도

   ③ 전달내용
- 상향적 대우표현인 경어는 비즈니스에서 매우 중요함
- 상대방이 「ソト」의 인물일 경우 「ウチ」에 속한 제3자를 화제로 삼을 때 경어를 사용할 수 없음(겸양어 II는 가능)

2) 경어

- 존경어: 대화하는 상대방, 문장 속의 화제 인물이나 그 사람의 행동, 소유물, 처한 환경 등을 높여서 경의를 나타냄

   − (ら)れる

   − お・ご+動(マス形)+になる

   − お・ご+動(マス形)+だ[の+名]/ください

   − 특수형
- 겸양어 I : 자신, 자신의 행동, 소유물, 처한 환경 등을 낮추어 상대방에 대한 경의를 나타냄

   − お・ご+動(マス形)+する/いたす

   − 특수형
- 정중어(丁寧語): 정중함을 나타냄 「です・ます」
- 겸양어 II: 자신의 행위 뿐만 아니라 사물 등을 상대방에게 정중하게 전할 때 사용(「丁重語」로도 불림)

• 「させていただく」, 「(で)ございます」,「お・ご+명사」, 정중한 어구

3) 한국인 학습자가 혼동하기 쉬운 가정생활 관련 어휘

• 외할머니/외할아버지 ▶ 母方の祖母/祖父

• 조카 ▶ おい, 甥っ子, めい, 姪っ子

• 가정주부 ▶ 専業主婦, 主婦(主夫)

• 공과금 ▶ 公共料金

• 백색가전 ▶ 白物家電, 白物

• 전기밥솥 ▶ 電気炊飯器

• 생수 ▶ ミネラルウォーター

• 음식물 쓰레기 ▶ 生ごみ

• 재활용 ▶ リサイクル, 再利用・再使用

4) 한국어 다의어 동사의 일본어 번역

• 덮다: (ひっ)かぶる, 覆う, ふたをする, 見逃す

• 버리다: 捨てる, 止める, 辞める, 失う, あきらめる, 駄目にする, 壊す

• 먹다: 食べる, 飲む, 年を取る, おびえる, 怖がる, 衝撃を受ける, 吸う

04_실전 문제

Q 1 괄호 안에 적절한 경어표현을 골라 봅시다.

(1) 先生は何を(いただきますか/召し上がりますか)。

(2) 皆さんに(お会いになられて/お会いできて)うれしいです。

(3) 私の友達を(ご紹介なさいます/ご紹介いたします/紹介させていただきます)。

(4) (おかけになった/おかけした)電話番号は現在使われunderております。

Q 2 다음 중 경어 사용이 틀린 부분을 찾아서 고쳐 봅시다.

(1) お急ぎの時はお手伝いになるので、お電話ください。

_____

(2) 名残惜しいですが、長居するのも失礼なので、そろそろお帰りします。

_____

(3) このバスは同伴者のいないお子さまはお搭乗できません。

_____

(4) これから社長のお宅へ訪ねます。

_____

(5) 田中先生、小学校の同級生が先生に拝見したいと言っています。

_____

(6) 私が本日幹事役をつとめさせていただく寺田です。

Q 3 다음 문장을 일본어로 바꾸어 봅시다.

(1) 방학이 되자 소년은 외할머니를 뵈러 갔다.

---

(2) 나는 6살, 3살 아이를 둔 가정주부이다.

---

(3) 조카는 벌써 대학에 들어갈 나이가 되었다.

---

(4) 음식물 쓰레기는 우리들이 먹다 남긴 음식물이 대부분이다.

---

(5) 일회용 페트병 생수 대신 수돗물을 마신다.

---

(6) 공과금이란 전기, 가스, 수도를 사용하고 내는 요금을 말한다.

---

(7) L사는 세탁기, 식기세척기 등 백색가전 부문에서 북미 시장 1위 업체다.

---

(8) 재활용 할 수 있는데도 불구하고 그냥 버려지는 것들이 많다.

Q 4 다의어 동사의 의미에 주의하면서 다음 문장을 일본어로 바꾸어 봅시다.

(1) 그는 음주 운전 사고를 덮어 달라고 경찰에게 돈을 건넸다.

_____

(2) 화상을 입은 그는 온몸에 붕대를 덮고 있다.

_____

(3) 그는 역경 속에서도 희망을 버리지 않았다.

_____

(4) 낭비하는 습관을 버렸다.

_____

(5) 흙탕물이 튀어서 새 옷을 버리고 말았다.

_____

(6) 한 살이라도 더 먹기 전에 도전해 봐야겠다. cf. 年を取る前に ▶ 若いうちに

_____

(7) 겁 먹은 강아지가 불쌍해 보였다.

_____

(8) 김이 습기를 먹어 눅눅해졌다.

_____

・名残惜(なごりお)しい (이별이) 서운하다 ・長居(ながい) 오래 머무름 ・幹事役(かんじやく) 간사, 총무 ・食べ残(のこ)し 먹다 남긴 음식물 ・~の代(か)わりに ~대신 ・食器洗い機(しょっきあらいき) 식기세척기 ・部門(ぶもん) 부문 ・飲酒運転(いんしゅうんてん) 음주운전 ・わいろ (뇌물이 되는) 돈 ・やけどをする 화상을 입다 ・包帯(ほうたい) 붕대 ・逆境(ぎゃっきょう) 역경 ・無駄使(むだづか)い 낭비 ・泥水(どろみず) 흙탕물 ・はねる 튀다 ・挑戦(ちょうせん) 도전 ・かわいそうだ(可哀想だ) 불쌍하다 ・海苔(のり) 김 ・しける(湿気る) 눅눅하다

엔트리시트 작성

01_일본 기업 취업의 기초 지식

[1] 일본 기업 취업

1) 취업의 기초 지식

(1) 일본만의 독특한 채용 방법

- 해외 지원자도 일본인 학생과 같은 TO, 같은 채용 방식으로 모집한다.
- 재일 외국 기업도 일본 기업과 같은 방식으로 채용을 실시한다.

(2) 일본 기업 취업 시스템

- 신규 졸업자 일괄 채용(新卒一括採用(しんそついっかつさいよう))
- 4월 입사: 대학, 전문학교(4월 입학 - 3월 졸업)
- 취업활동 스케줄: 대부분의 기업이 동일한 스케줄로 채용을 실시한다. 3월 1일부터 엔트리(エントリー)를 시작한다.
- 서류 통과 후 채용시험: 적성검사(SPI), 일반상식, 언어능력(일본어, 영어), 소논문 등의 필기 시험과 3회 이상의 면접을 실시한다.

(3) 일본의 기업 문화
- 종신고용제도(終身雇用制度(しゅうしんこようせいど)): 한 기업에서 정년까지 계속 고용
- 연공서열(年功序列(ねんこうじょれつ)): 입사 후 연령, 근속년수에 따라 임금이 상승하는 제도

(4) 일본 기업의 평가 기준
- 대부분의 일본기업은 종신고용과 연공서열 제도를 따르므로 입사 후 성장을 기대할 수 있는 소양을 지닌 인재를 채용한다.
- 日本経済団体連合会「2018新卒採用に関するアンケート調査」(p.6)을 보면 '커뮤니케이션 능력', '주체성', '도전정신' 등의 잠재력을 중시한다. (https://www.keidanren.or.jp/policy/2018/110.pdf)
- 입사 후 교육 시스템(OJT)이 구축되어 있다.
  cf. 성과주의 도입 기업은 실전에 바로 투입할 인재를 요구하므로 스펙, 스킬을 중시한다.

(5) 일본 기업의 해외 인재 평가 기준
- 経済産業省「平成24年度日本企業における高度外国人採用・活用に関する調査」

채용 시 중시하는 항목(상위 7위 항목)	제조업(%)	비제조업(%)
어학력(일본어)	64.8	75.7
커뮤니케이션 능력	55.2	65.4
바이탈리티	41.9	33.6
열의(지망도)	28.6	29.0
전문성	26.7	22.4
어학력(영어)	19.0	11.2
발상의 풍부함	14.3	14.0

• KOTRA에서 관리하는 일본 구인기업 관계자 177명을 대상으로 한 외국인재에 대한
설문조사(2018.10.23.)

외국인재에 대해 요구되는 자질(복수선택)	%
일본어	90.4
커뮤니케이션 능력	81.9
적응력	63.8
일본문화에 대한 이해	56.5
행동력	50.3
유연성	45.8
기업이나 업계에 대한 흥미	39.5

2) 일본 기업 취업 과정

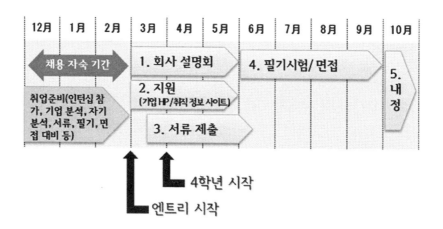

3) 취업의 첫 관문: 서류 전형

　(1) 서류 전형의 목적

　　• 지원자를 선별한다.

　　　− 지원자가 많을 경우 전원 면접이 불가능하므로 기업의 인재상에 부합하는 면접
　　　　대상자를 우선적으로 선별한다.

　　• 면접의 참고자료로 사용한다.

(2) 제출 서류

❶ 이력서(履歴書(りれきしょ))

- 학업이나 취업 경력 등을 기재한 프로필 서류

- 지원자의 기본 정보, 학력/직력, 자격/면허 등을 기입한다.

- 일반적으로 일본 공업 규격(JIS)에서 정한 양식을 사용한다.

- 서점, 문구점, 편의점 등에서 구입 가능하다.

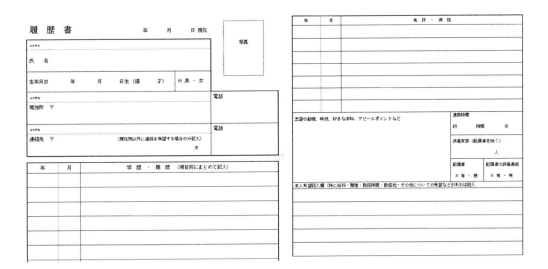

❷ 엔트리시트(エントリーシート, ES・Entry Sheet)

- 기업이 독자적으로 사용하는 지원서

- 기업마다 내용 및 형식은 다르지만 일반적으로 기본 이력과 설문(자기 PR, 지원동기 등)에 대한 답변 등을 기입한다.

- 기업 홈페이지 또는 회사 설명회에서 입수. 기업에 직접 요청해서 받을 수도 있다.

[2] 서류에 사용되는 일본어

1) 서류에 사용하는 일본어

(1) 주의점

- 문어체(문장체) 표현을 사용한다.

- 문체를 통일한다.
- 접속사에 주의한다.
- 경어(존경·겸양)는 사용할 필요가 없다.

(2) 문어체(문장체) 표현 사용
- 서류 작성 시 문어체(書(か)き言葉(ことば)) 표현을 사용한다.

話し言葉	書き言葉
全部	すべて
ちょっと	少し/少々/若干
すごく	とても/非常に/大変
たぶん	おそらく
いっぱい	多く
～とか～	～や～
あんまり	あまり
こんな/そんな/あんな	このような/そのような/あのような

    – 문말에 「だ体」 「である体」만 쓸 필요는 없다.
- 축약형, 약어의 사용을 금지한다.

축약형	원래 형태
～ちゃ/～じゃ	～ては/～では
～てる/～でる	～ている/～でいる
～てく/～でく	～ていく/～でいく
～とく/～どく	～ておく/～でおく
～たげる/～だげる	～てあげる/～であげる
～ちゃう/～じゃう	～てしまう/～でしまう
～なきゃ	～なければ
～って	～と/～という/～とは

약어	정식 명칭
スマホ	スマートフォン
コンビニ	コンビニエンスストア
部活/バイト	部活動/アルバイト
東大	東京大学
(株)	株式会社
(有)	有限会社

(3) 문체 통일

- 「だ体」「である体」「です・ます体」 중에 하나를 선택했으면 도중에 다른 문체로 바꾸면 안 된다.

  예) • 「だ体」: これは本だ。 (이것은 책이다.)

  　　• 「である体」: これは本である。 (이것은 책이다.)

  　　• 「です・ます体」: これは本です。 (이것은 책입니다.)

(4) 접속사에 주의

- 문장과 문장 사이의 관계를 명확히 해야 한다.

순접	だから, それで, そのために, したがって, そこで, すると
역접	しかし, でも, けれども, それなのに, にもかかわらず, ところが
이유	なぜなら, なぜかというと
보충	ただし, なお
첨가	そして, それから, また, それに, そのうえ, しかも, おまけに, さらに
환언, 예시	つまり, 要するに, すなわち, 例えば
전환	さて, ところで, それでは, では
총괄	このように, 以上のように

- 어떤 사항을 열거한다.
  - 第一に・第二に・第三に(X번째로)
  - 一つめに・二つめに・三つめに(X번째로)
  - 一つは・もう一つは(하나는・다른 하나는)
  - まず(우선)・つぎに(다음으로)・さらに(게다가)

02_엔트리시트 작성 시 주의점

학습내용

- 엔트리시트의 구성
- 엔트리시트의 작성 포인트

학습목표

- 엔트리시트의 구성에 대해서 알 수 있다.
- 엔트리시트 작성 시 전반적인 주의점을 알 수 있다.
- 엔트리시트 설문 작성의 포인트를 알 수 있다.

[1] 엔트리시트

1) 엔트리시트의 구성

(1) 엔트리시트의 구성

- 이력서와 중복되는 부분이 많다.
  - 기입할 양은 훨씬 많다.
- 설문 내용으로는 자기PR, 학생 때 힘을 썼던 점, 지원동기 등의 일반적인 질문 이외에도 기업의 독자적인 질문이 있다.

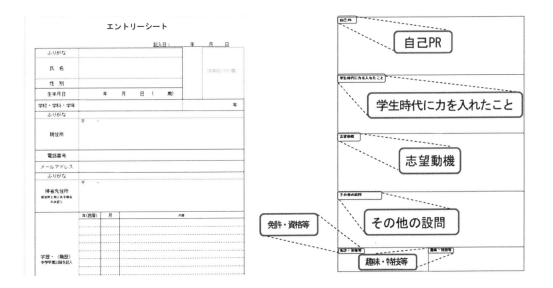

2) 엔트리시트(ES) 작성 포인트

(1) 필기구는 검정색 볼펜

- 일반적으로는 검정색 만년필이나 볼펜으로 작성한다.
- 포인트를 주기 위해서 색깔 있는 볼펜을 사용해도 좋지만 기본은 검정색 볼펜을 사용한다.

(2) 문체는 통일

- 한 가지 문체로 작성한다. 「です・ます体」를 사용하다 도중에 「だ体」나 「である体」로 바꾸지 않도록 주의한다.

(3) 글씨는 크고 분명하게

- ES는 일반적으로 수기 작성이다.
- 컴퓨터 작성, 수기 둘 다 허용되더라도 수기로 작성하는 것이 좋은 인상을 남긴다.
- 읽기 쉬운 크기의 글씨로 작성한다.

(4) 구체적이고 객관적인 내용을

- 자기 PR이나 지원동기도 추상적인 내용을 적으면 안 된다.
- 구체적인 에피소드를 넣어서 설득력을 높인다.

(5) 표제어, 줄바꿈, 개조식으로 읽기 쉽게
- 제목, 표제어 등을 사용하여 하고자 하는 답변을 알기 쉽게 구성한다.
- 개조식으로 작성하면 내용 파악이 용이하다.
- 적절하게 줄을 바꾸어서 작성한다.

(6) 설문 내용을 답변에 반복하는 것 금지
- 「あなたが学生時代に頑張ったことは何ですか」 → 「私が学生時代に頑張ったことは…」와 같은 답변은 금물이다.

(7) 한 문장은 짧게
- 한 문장은 20~30자 정도로 작성한다.

(8) 결론은 처음부터
- 전달하고 싶은 내용을 맨 처음에 작성하는 것이 중요하다.

(9) 공란은 금물
- 작성란은 다 채우는 것이 기본이다. 여백을 남기면 성의가 없어 보인다.
- 글자 수 제한이 있는 경우 제한에 가깝게 작성한다.

(10) 오탈자 주의
- 내용이 좋아도 오탈자가 많으면 안 된다.
- 사전을 이용해서 한자를 확인한다.
- 일본어 원어민에게 체크를 받는다.

(11) 실수가 있으면 다시 작성한다.
- 잘못 쓴 부분이 있으면 처음부터 다시 작성한다.
- 수정액, 수정 테이프는 사용불가.
- ES를 사전에 몇 부 복사해서 미리 작성해 보고 ES에 옮겨 적는다.

(12) 악필도 정성을 다해
- 악필이라고 해도 글자 하나하나 정성을 들여서 작성한다.

(13) 서류는 접지 말고

- 서류 봉투를 사용하여 ES를 접지 않고 보낸다.

(14) 제출은 빨리

- 기업에 따라 도착한 서류 순으로 검토하기도 한다.
- 미리 제출하면 ES를 자세히 검토할 수 있다.
- 인터넷을 통해 제출할 경우 마감일에 지원자가 몰려 제출이 힘들 수도 있다.

(15) 작성 완료한 ES는 복사해서 보관

- ES의 설문 답변은 면접의 기초 자료로 사용되므로 복사해서 보관해 둔다.

(16) 취직 정보 사이트 등의 인터넷을 통한 지원

- 문자 수나 형식이 정해져 있지만 돋보이게 할 수 있는 방법은 여러 가지이다.
  - 제목사용
  - 표제어에 ▶, ■, 【 】 등과 같은 부호를 사용
  - 중요한 부분은 개조식 작성
  - 한 문장을 짧게
  - 알기 쉽게 줄 바꿈. 한 줄 띄어서 단락을 구분

[2] 엔트리시트의 설문

1) 「自己PR」

(1) 「自己PR」의 포인트

- ES의 대표적인 설문이다.
- '나는 어떤 특성을 가진 사람인가', '나의 특성을 일에 어떻게 활용할 수 있는 것인가'를 전달하는 것이 중요하다.
- 기본적으로 '자기분석(自己分析)'이 선행되어야 한다.
- 어필할 포인트는 여러 개를 들기보다 하나만을 들어 그 내용을 알차게 작성하는 것

이 효과적이다.
- 구체적인 에피소드를 들어서 자신의 포인트를 설명한다.
- 어필 포인트를 가지고 어떤 식으로 업무에 활용할 것인가를 쓰는 것이 중요하다.
- 글은 '결론－상세설명－정리'로 구성한다.

(2)「自己PR」의 구성

결론: 어필 포인트를 하나 소개함

↓

상세 설명: 에피소드를 바탕으로 한 구체적인 내용 기술

↓

정리: 어필 포인트를 일에 어떻게 활용할 것인가

2)「学生時代に力を入れたこと」
(1)「学生時代に力を入れたこと」의 포인트
- ES의 대표적인 설문이다.
- 학창 시절에 '역점을 둔 것'에 대해서 '어떻게 임하였는가', '어떤 것을 얻었는가'를 전달하는 것이 중요하다.
- 기본적으로 '자기분석(自己分析)'이 선행되어야 한다.
- 구체적인 에피소드를 기술한다.
- 역점을 둔 것에서 무엇을 얻었는지, 어떤 어려움이 있었는지, 이를 통하여 어떻게 성장하였는지를 작성한다.
- 역점을 둔 것에서 얻은 성과 중에 숫자나 수치로 나타낼 수 있는 것이 있으면 기입한다.
- 글은 '결론－상세설명－정리'로 구성한다.

(2) 「学生時代に力を入れたこと」의 구성

| 결론: 학생 시절에 역점을 둔 것을 하나로 간결하게 기술 |

⬇

| 상세 설명: 어떻게 힘썼는지 어떤 어려움이 있었는지에 대한 에피소드를 기술 |

⬇

| 정리: 이를 통하여 무엇을 얻었는가 또는 어떻게 성장하였는가를 기술 |

3) 「志望動機」

(1) 「志望動機」의 포인트

- ES의 대표적인 설문이다.
- '지원하는 기업에 대한 열의', '지원하는 기업에서 어떤 일을 하고 싶은가', '기업에 어떠한 공헌을 할 수 있는가'를 전달하는 것이 중요하다.
- 기본적으로 '업계・기업연구(業界・企業研究)'가 선행되어야 한다.
  지원 기업에 입사하고 싶은 열의, 매력을 기술한다.
- 구체적인 이유를 기술한다.(에피소드가 있으면 기술)
- 이 기업에서 일하기 위해 필요한 기술을 가지고 있는가, 어떻게 공헌할 수 있는가, 입사 후 어떤 일을 하고 싶은가, 포부 등을 작성한다.
- 글은 '결론-전개-정리', '결론-이유-정리' 등으로 구성한다.

(2) 「志望動機」의 구성

| 결론: 왜 이 기업에 매력을 느꼈는가 |

⬇

| 전개: 자신이 추구하는 방향성과 이 기업과의 접점 |

⬇

| 정리: 입사 후 어떤 분야에서 일하고 싶은가, 포부 등 |

결론: 왜 이 기업에 매력을 느꼈는가

⬇

전개: 구체적인 이유(에피소드 등)

⬇

정리: 내가 이 기업에 필요한 이유(공헌할 수 있는 분야 및 강점)

4) 「その他の設問」

(4) 「その他の設問」

- 앞의 대표적인 설문 이외에도 다양한 내용의 설문이 있다.
- 책, 인터넷 등을 통하여 확인한다.

5) 설문에 대비하기 위한 선행과제

(1) 「自己分析」

- 목적: 자신의 적성에 맞는 일이나 하고 싶은 일을 찾기 위해서, ES나 면접에서 자신의 어필 포인트를 찾기 위해서이다.
- 방법: 객관적인 자신의 모습, 과거·현재·미래의 자신 등 여러 가지 각도에서 자신을 정리한다.
- 인터넷 자기분석 사이트, 서적 등을 이용한다.

(2) 「業界·企業研究」

- 목적: 자신이 희망하는 업계나 기업을 찾기 위해서, ES나 면접의 답변 사항인 지원동기를 명확히 하기 위해서이다.
- 방법: 사회, 경제의 동향 파악 – 업계를 조사 – 관심 업계나 적성에 맞는 업계 탐구 – 관심 업계와 관련된 주변 업계에 대해서 조사 – 지망하고 싶은 업계를 선별해서 그 업계와 기업에 관해 개별적으로 연구한다.
- 인터넷, 서적, 취업지원 기관 등을 이용한다.

03_엔트리시트 작성 예시

- 「自己PR」 작성 예시
- 「志望動機」 작성 예시

- 구체적인 엔트리시트 작성 예시를 통하여 작성 포인트를 익힐 수 있다.

[1] 엔트리시트 작성 예시 1

1) 「自己PR」 예시

(1) 「自己PR」의 구성

결론: 어필 포인트를 하나 소개함

⬇

상세 설명: 에피소드를 바탕으로 한 구체적인 내용 기술

⬇

정리: 어필 포인트를 일에 어떻게 활용할 것인가

(2) 예시

私の強みは責任感がとても強いことです。	(어필 포인트)
小さい頃から私は祖父に、人に信頼される人に成長してほしいと厳しくしつけられ、どんな小さなことでも一度任されたことは必ず最後までやり遂げるようにしました。カフェのアルバイトでも私は、食材の賞味期限と品切れをこまめにチェックし、把握していました。その結果、6ヶ月で時間帯責任者となり、お店の全般を管理するようになりました。	(구체적 내용)
私はこの強みを生かして貴社に入ってからも繊細なことでも丁寧に最後までやり遂げることを大事にして、売上に貢献していきたいと思います。	(일에 활용)

(3) 내용이해

私の強みは責任感がとても強いことです。 **(저의 강점은 책임감이 매우 강하다는 점입니다.)**

- 포인트: 어필 포인트를 하나 제시
- (名詞)は〜ことです: 형용사「強い」로 끝나면 호응에 문제가 생긴다.
- 強(つよ)み: 강점
- 責任感(せきにんかん): 책임감

小さい頃から私は祖父に、人に信頼される人に成長してほしいと厳しくしつけられ、どんな小さなことでも一度任されたことは必ず最後までやり遂げるようにしました。 **(어렸을 때부터 저는 할아버지가 남에게 신뢰받는 사람으로 성장해 주길 바라셔서 엄하게 훈육을 받아서, 어떤 작은 일이라도 한 번 맡은 일은 반드시 끝까지 완수하게 하셨습니다.)**

- 포인트: 어필 포인트를 구체적으로 뒷받침하는 에피소드 제시
- 小さい頃(ころ): 어렸을 때
- 祖父(そふ): 할아버지.「母方の〜」외〜
- 信頼(しんらい): 신뢰
- (祖父)に(成長し)てほしい: 〜가〜해 주었으면 하고 바라다
- しつける: 예의범절을 가르치다, 훈육하다
- どんな(명사)でも: 어떠한 〜라도

- 任(まか)す: 맡기다
- やり遂(と)げる: 완수하다
- ～ようにする: ～하도록 하다, ～하게 하다

カフェのアルバイトでも私は、食材の賞味期限と品切れをこまめにチェックし、把握していました。(카페 아르바이트를 할 때도 저는 식자재 유통기한과 소진 여부를 부지런히 체크하여 파악하고 있었습니다.)
- 포인트: 어필 포인트를 구체적으로 뒷받침하는 에피소드 제시
- 食材(しょくざい): 식재료, 식자재
- 賞味期限(しょうみきげん): 유통기한, 품질유지기한
- 品切(しなぎ)れ: 품절, (물건)바닥이 남
- こまめに: 부지런히, 근실히
- 把握(はあく): 파악

その結果、6ヶ月で時間帯責任者となり、お店の全般を管理するようになりました。(그 결과 6개월만에 시간대 책임자가 되어 가게 전체를 관리하게 되었습니다.)
- 포인트: 어필 포인트를 구체적으로 뒷받침하는 에피소드 제시
- ～ヶ月(かげつ): ～개월
- 時間帯(じかんたい): 시간대
- 全般(ぜんぱん): 전반, 전체
- ～ようになる: ～하게 되다

私はこの強みを生かして貴社に入ってからも繊細なことでも丁寧に最後までやり遂げることを大事にして、売上に貢献していきたいと思います。(저는 이러한 강점을 살려서 귀사에 들어가서도 섬세한 일이라도 정성껏 끝까지 완수하는 것을 중시하여 매출에 공헌하고 싶습니다.)
- 포인트: 어필 포인트를 어떻게 일에 활용할지를 기술
- 貴社(きしゃ): 귀사　cf. 御社(おんしゃ), 弊社(へいしゃ)
- 繊細(せんさい): 섬세
- 大事にする: 소중히 여기다, 중시하다

- 売上(うりあげ): 매출
- 貢献(こうけん): 공헌
- ～ていきたいと思います: ～하고자 합니다

1) 「志望動機」의 구성

(1) 「志望動機」의 구성

결론: 왜 이 기업에 매력을 느꼈는가

⬇

전개: 자신이 추구하는 방향성과 이 기업과의 접점

⬇

정리: 입사 후 어떤 분야에서 일하고 싶은가, 포부 등

(2) 예시(인재 소개 기업)

私は貴社の「登録制人材紹介ビジネス」に強く関心を持ち、応募しました。	(어떤 매력에 지원하였는가)
そして、貴社の企業理念である「自由と規律」「公正さ」という言葉がとても好きです。人材紹介を行うコンサルタントは上記のすべての資質を求められます。また日系企業もグローバル化が進んでおり、今後グローバル人材の需要はますます高まると考えています。貴社はそのようなバイリンガルな人材を紹介していることからも、業務内容に将来性を感じました。	(자신의 방향성과 기업의 접점)
ビジネスに有用な人材をマッチングすることで企業様に新しい価値を提供し、外国人の日本での就職率を上げていくことが目標です。	(입사 후 포부)

(3) 내용 이해

　私は貴社の「登録制人材紹介ビジネス」に強く関心を持ち、応募しました。(저는 귀사의 '등록제 인재 소개 비즈니스'에 크게 관심을 가져 응모하였습니다.)

- 포인트: 이 회사의 어떤 점에 이끌려 지원하였는가
- 登録制(とうろくせい): 등록제
- 人材紹介(じんざいしょうかい): 인재 소개
- 関心(かんしん)を持(も)つ: 관심을 가지다
- 応募(おうぼ): 응모, 지원

　そして、貴社の企業理念である「自由と規律」「公正さ」という言葉がとても好きです。(그리고 귀사의 기업 이념인 '자유와 규율', '공정함'이라는 단어를 매우 좋아합니다.)

- 포인트: 이 회사의 기업 이념이 자신의 방향성과 맞음을 어필
- 企業理念(きぎょうりねん): 기업 이념
- 規律(きりつ): 규율
- 公正(こうせい)さ: 공정함

　人材紹介を行うコンサルタントは上記のすべての資質を求められます。(인재소개를 하는 컨설턴트는 위의 모든 자질을 필요로 합니다.)

- 포인트: 이 회사의 기업 이념이 자신이 되고 싶은 컨설턴트 자질과 일치함
- 資質(ししつ): 자질
- 求(もと)める: 요구하다

　また日系企業もグローバル化が進んでおり、今後グローバル人材の需要はますます高まると考えています。(또한 일본기업도 글로벌화가 진행되어 앞으로 글로벌 인재에 대한 수요는 점점 높아질 것으로 생각합니다.)

- 포인트: 「業界・企業研究」를 위한 사회, 경제의 동향을 파악한 내용 기술
- 日系(にっけい): 일본계
- 要求(じゅよう): 수요
- ますます: 더욱

貴社はそのようなバイリンガルな人材を紹介していることからも、業務内容に
将来性を感じました。(귀사는 그러한 이중 언어 사용 인재를 소개하고 있는 것을 보
아도 업무 내용에 장래성을 느꼈습니다.)

- 포인트: 「業界・企業研究」를 바탕으로 한 내용 기술
- バイリンガル: 바이링걸, 이중 언어 사용자
- 業務(ぎょうむ): 업무
- 将来性(しょうらいせい): 장래성

ビジネスに有用な人材をマッチングすることで企業様に新しい価値を提供し、
外国人の日本での就職率を上げていくことが目標です。(비즈니스에 유용한 인재
를 매칭해 주는 것으로 기업 고객에게 새로운 가치를 제공하고 외국인의 일본 취업률
을 높여 가는 것이 목표입니다.)

- 포인트: 입사 후의 포부를 제시
- 有用(ゆうよう): 유용
- 企業様(きぎょうさま): 기업 고객
- 提供(ていきょう): 제공
- 就職率(しゅうしょくりつ): 취업률

04_학습정리

1) 일본 기업 취업의 기초 지식

- 일본만의 독특한 채용 시스템
- 일본의 기업문화
- 일본 기업의 인재 평가 기준
- 일본 기업 취업 과정
- 서류 전형(취업의 1차 관문): 이력서, ES
- 서류에 사용하는 일본어 주의점

2) 엔트리시트 작성 시 주의점

- ES의 구성(이력서 + 설문)
- ES 작성 포인트

  (1) 필기구　(2) 문체　(3) 글씨　(4) 구체적, 객관적인 내용

  (5) 표제어, 줄 바꿈, 개조식　(6) 답변에 설문 내용 반복 금지

  (7) 한 문장 길이　(8) 결론은 처음부터　(9) 공란은 금물

  (10) 오탈자 주의　(11) 실수가 있으면 다시 작성

  (12) 악필도 정성을 다해　(13) 서류는 접지 말고

  (14) 제출은 빨리　(15) ES는 복사해서 보관

  (16) 인터넷 제출 시에도 돋보이게
- 엔트리시트의 설문 대답 포인트 및 구성

  「自己PR」「学生時代に力を入れたこと」「志望動機」

3) 엔트리시트 작성 예시

- 「自己PR」작성 예시
- 「志望動機」작성 예시

05_실전 문제

Q 1「自己PR」을 400자 이내로 작성해 봅시다.

Q 2「学生時代に力を入れたこと」를 400자 이내로 작성해 봅시다.

Q 3 각자 희망하는 업계 · 기업에 대한 「志望動機」를 400자 이내로 작성해 봅시다.

비즈니스 문서와 메일 작성의 기본

01_비즈니스 문서의 서식

학습내용

- 비즈니스 문서의 종류
- 비즈니스 문서의 서식

학습목표

- 비즈니스 문서와 그 종류에 대해서 알 수 있다.
- 비즈니스 문서의 기본 서식에 대해 알 수 있다.

[1] 비즈니스 문서

1) 비즈니스 문서

(1) 비즈니스 문서(ビジネス文書)란 무엇인가?

- 다양한 비즈니스 상황에서 작성하는 공식문서.
- 1건에 A4용지 1장을 기본으로 일정한 양식의 작성법으로 작성된다.
- 회사 내에서 사용하는 문서와 거래처를 대상으로 사용하는 문서로 나뉜다.

(2) 비즈니스 문서의 종류

사내문서(社內文書)

- 회사 내에서 상사나 부서에 제출하는 문서이다.
- 연락, 보고 등의 문서이다.
- 경어 사용은 최소한으로 한다.
- 대부분의 회사는 정해진 형식을 사용한다.

사외문서(社外文書)

- 거래처나 고객과 주고받는 문서이다.
- 업무나 사교에 관한 문서로 구분된다.
- 경어 사용이 중요하다.

사외문서를 중심으로 다룸

- 사외문서의 종류
  ① 거래문서(取引(とりひき)文書): 업무에 관한 문서
     청구서(請求書(せいきゅうしょ)), 견적서(見積書(みつもりしょ)), 의뢰장(依頼状(いらいじょう)), 조회장(照会状(しょうかいじょう)), 회답장(回答状(かいとうじょう)),독촉장(督促状(とくそくじょう)), 통지장(通知状(つうちじょう)), 사죄장(詫び状(わびじょう)), 항의장(抗議状(こうぎじょう)) 등
  ② 의례문서(儀礼(ぎれい)文書): 사교에 관한 문서
     인사장(あいさつ状), 안내장(案内状(あんないじょう)), 초대장(招待状(しょうたいじょう)), 답례장(礼状(れいじょう)) 등

(3) 비즈니스 문서의 서식
  - 비즈니스 문서는 정해진 서식이 있다.
  - 문서 작성 시 정해진 서식을 사용해야 한다.
    cf. 비즈니스 메일은 서식이 비교적 자유롭다.
- 가로쓰기가 기본이다(아라비아 숫자 사용). 세로쓰기일 경우 숫자는 한자를 사용한다.
- 컴퓨터 워드 프로세서로 A4용지에 작성한다.

```
                                    ❶ 문서번호    □□─□□□
                                ❷ 발신일자      ２０○○年○○月○○日
    株式会社○○○○        ❸ 수신자명
    営業部長　○○○○様
                                               ○○○株式会社
                            ❹ 발신자명      営業部長　○○○○㊞

                    ❺ 제목   ○○○○のお知らせ
                            ❻ 본문
    謹啓 ……………………………………………………………
        ……………………………………………………………
    さて、
        ……………………………………………………………
    つきましては、……………………………………………………
    まずは…………………………………………………………………

                                                    敬具

                            ❼ 별도기재
                               記
        1．日時　…………………………………
        2．場所　…………………………………

    なお、………     ❽ 부기
    添付資料：○○○○　1部   ❾ 첨부자료
                            ❿ 최종 맺음말     以上
        ⓫ 담당자명   担当　営業販売課　○○○○○
                     電話　０３─３１４２─××××
```

❶ 문서번호(文書番号(ぶんしょばんごう))

 • 오른쪽 상단 기입한다. 생략할 경우도 있다.

 • 일반적으로 거래 문서에 사용한다.

❷ 발신일자(日付(ひづけ))

 • 오른쪽에 정렬한다. 문서작성 날짜가 아닌 발신일을 기입한다.

 • 회사 내규에 따라 서력기원(西暦(せいれき)) 또는 연호(元号)「令和(れいわ)」를 사용
   한다.

❸ 수신자명(宛名(あてな), 受信者名(じゅしんしゃめい))

 • 회사명・단체명, 직함명, 이름(풀네임＋様) 순으로 작성한다.

- 주식회사, 유한회사는 약칭인 (株), (有) 사용을 금지한다.
- 직함이 없을 경우 「부서명 이름」(○○部○○○○様)를 사용한다.
- 부서로 보낼 때에는 「御中(おんちゅう)」를 사용한다(예: 営業部御中).
- 수신자가 복수일 경우에는 「各位(かくい)」를 사용한다(예: 営業部各位).

❹ 발신자명(発信者名(はっしんしゃめい))
- 회사명・단체명, 직함명, 이름(사안에 따라 생략하기도 함) 순으로 작성한다. 중요 문서일 경우 도장을 날인한다.
- 상급자 지시로 하급자가 문서 작성할 경우 발신자명은 상급자로 한다.

❺ 제목(件名(けんめい), 標題(ひょうだい))
- 본문 내용을 알기 쉽게 표현한다.
- 글씨는 크고 굵게 해서 두드러지게 표시한다.

❻ 본문(本文(ほんぶん))
- 머리말(頭語(とうご))과 맺음말(結語(けつご))을 사용한다.
- 전문(前文(ぜんぶん))－주문(主文(しゅぶん))－말문(末文(まつぶん))의 순서로 작성한다.

❼ 별도기재(別記(べっき), 記書き(きがき))
- 일시, 장소 등의 본문의 상세한 설명을 적는다.
- 개조식(箇条書き(かじょうがき))으로 작성한다.

❽ 부기(付記(ふき), 追記(ついき))
- 별도기재에 추가할 내용을 기입한다.
- 「なお」나 「追伸(ついしん)」으로 시작한다.

❾ 첨부자료(添付資料(てんぷしりょう))
- 첨부자료가 있으면 구체적으로 적는다.

❿ 최종 맺음말(最終結語(さいしゅうけつご))
- 맺음말 이후에 별도기재가 있을 경우 「以上」로써 문서가 마무리됨을 나타낸다.

⓫ 담당자명(担当者名(たんとうしゃめい))
- 발신자명과 담당자명이 다를 경우 담당자명을 직접 적는다.

1) 다음 비즈니스 문서에서 잘못된 곳을 찾아봅시다.

営 12－221
2 0XX 年　十月三十日

株式会社山田商事
広報部長　山田次郎

サイバー商事 (株)
営業部　本田一郎　部長

新商品発表会のお知らせ

謹啓　‥‥‥‥‥‥‥‥‥‥‥‥‥‥‥‥‥‥‥‥‥‥
‥‥‥‥‥‥‥‥‥‥‥‥‥‥‥‥‥‥‥‥‥‥‥‥‥‥‥
さて、‥‥‥‥‥‥‥‥‥‥‥‥‥‥‥‥‥‥‥‥‥‥‥

つきましては、‥‥‥‥‥‥‥‥‥‥‥‥‥‥‥‥‥‥‥

まずは‥‥‥‥‥‥‥‥‥‥‥‥‥‥‥‥‥‥‥‥‥‥‥

以上

1．日時　‥‥‥‥‥‥‥‥‥‥‥‥
2．場所　‥‥‥‥‥‥‥‥‥‥‥‥

なお、‥‥‥‥‥
添付資料：‥‥‥‥

敬具

営 12－221
2 0XX 年　十月三十日

株式会社山田商事
広報部長　山田次郎

サイバー商事 (株)
営業部　本田一郎　部長

新商品発表会のお知らせ

謹啓　‥‥‥‥‥‥‥‥‥‥‥‥‥‥‥‥‥‥‥‥‥‥
‥‥‥‥‥‥‥‥‥‥‥‥‥‥‥‥‥‥‥‥‥‥‥‥‥‥‥
さて、‥‥‥‥‥‥‥‥‥‥‥‥‥‥‥‥‥‥‥‥‥‥‥

つきましては、‥‥‥‥‥‥‥‥‥‥‥‥‥‥‥‥‥‥‥

まずは‥‥‥‥‥‥‥‥‥‥‥‥‥‥‥‥‥‥‥‥‥‥‥

以上

1．日時　‥‥‥‥‥‥‥‥‥‥‥‥
2．場所　‥‥‥‥‥‥‥‥‥‥‥‥

なお、‥‥‥‥‥
添付資料：‥‥‥‥

敬具

➡

営 12－221
2 0XX 年　10月30日

株式会社山田商事
広報部長　山田次郎様

サイバー商事株式会社
営業部長　本田一郎

新商品発表会のお知らせ

謹啓　‥‥‥‥‥‥‥‥‥‥‥‥‥‥‥‥‥‥‥‥‥‥
‥‥‥‥‥‥‥‥‥‥‥‥‥‥‥‥‥‥‥‥‥‥‥‥‥‥‥
さて、‥‥‥‥‥‥‥‥‥‥‥‥‥‥‥‥‥‥‥‥‥‥‥

つきましては、‥‥‥‥‥‥‥‥‥‥‥‥‥‥‥‥‥‥‥

まずは‥‥‥‥‥‥‥‥‥‥‥‥‥‥‥‥‥‥‥‥‥‥‥

敬具

記

1．日時　‥‥‥‥‥‥‥‥‥‥‥‥
2．場所　‥‥‥‥‥‥‥‥‥‥‥‥

なお、‥‥‥‥‥
添付資料：‥‥‥‥

以上

02_비즈니스 문서의 정형문

• 비즈니스 문서의 정형문

• 비즈니스 문서의 본문에 사용되는 다양한 정형문의 사용법에 대하여 이해하고 활용할 수
있다.

[1] 정형문

1) 정형문

(1) 정형문(定型文(ていけいぶん))이란 무엇인가?

• 편지, 비즈니스 문서 등에 사용되는 일정한 형식을 가진 문장이다.

• 계절인사 등에 사용하는 정해진 문구가 있다.

• 비즈니스 문서에서 본문에 사용한다.

(2) 비즈니스 문서 정형문의 종류

• 머리말(頭語) – 맺음말(結語)

• 전문(前文)의 인사말

• 주문(主文)의 접속사 구성

• 말문(末文)의 형식적 인사말

2) 머리말과 맺음말

(1) 머리말(頭語)과 맺음말(結語)이란?

```
                        ❺ 제목
                    ○○○○のお知らせ
                           ❻ 본문
┌─────┐
│ 謹啓 │ ....................................................................
└─────┘ ....................................................................
  さて、................................................................
        ....................................................................
  つきましては、................................................................
  まずは..................................................................

                                              ┌─────┐
                                              │ 敬具 │
                                              └─────┘
```

- 본문의 맨 앞과 마지막에 반드시 적는 말이다.
- 쌍으로 사용하여 상대방에 대한 경의를 나타낸다.
- 사내문서에서는 사용하지 않는다.
- 일반적으로 머리말로 「拝啓(はいけい)」와 맺음말로 「敬具(けいぐ)」를 사용한다.

| 拝啓 |

- 「拝」◀「拝(おが)む」(경의를 나타내다)
- 「啓」◀「啓(けい)する」(말씀드리다)
  → 삼가 아뢰다(공손하게 말씀드리다)

| 敬具 |

- 「敬」◀「敬(うやま)う」(공경하다)
- 「具」◀「具(そな)える」(갖추다)
  → 삼가 아뢰다 (예의를 갖추어 글을 맺음)

(2) 다양한 상황에 사용되는 머리말, 맺음말

	머리말	맺음말
일반적	拝啓(はいけい)	敬具(けいぐ)
보다 정중하게	謹啓(きんけい)	敬白(けいはく) / 敬具
답신	拝復(はいふく)	敬具
급한 일	急啓(きゅうけい)	不一(ふいつ) / 草々(そうそう)
전문 생략	前略(ぜんりゃく)	草々

- 「前略」을 사용할 때 주의사항: 인사말 없이 그대로 주문(主文)으로 들어간다.
  발신자 편의가 아닌 상대방의 상황(조문 등)에 맞춰서 사용한다.

3) 전문

(1) 전문(前文(ぜんぶん))은 인사말(あいさつ文)로 구성된다.

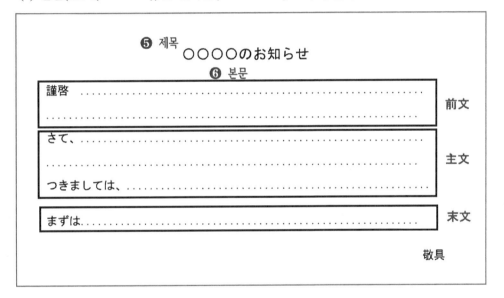

- 인사말은 머리말의 뒤에 한 칸을 띄어 쓰거나 다음 줄에 쓴다.
- 머리말 뒤에 인사말 쓸 경우 두점(読点(、))을 사용하지 않는다.

(2) 인사말의 구성

1. 時候(じこう)のあいさつ 계절인사

↓

2. 慶賀(けいが)のあいさつ 안부인사

↓

3. 感謝(かんしゃ)のあいさつ 감사인사

• 인사말은 관용 어구로 구성되어 몇 가지 조합으로 문장을 구성한다.

• 계절인사 - 안부인사 - 감사인사 순으로 구성한다.

예 拝啓　初夏の候、貴社にはご隆盛のことと、お慶び申し上ます。

平素は格別のお引き立ててあずかり厚く感謝申し上げます。

(초여름에 귀사의 발전이 있으시길 기원합니다. 평소에는 각별한 배려를 해 주셔서

깊이 감사드립니다.)

ㅡ 계절인사: 初夏の候、

ㅡ안부인사: 貴社にはご隆盛のことと、お慶び申し上ます。

ㅡ 감사인사: 平素は格別のお引き立ててあずかり厚く感謝申し上げます。

(3) 계절인사(時候のあいさつ)

- 사교문서에서는 필수지만 거래문서에서는 생략되기도 한다.
- 실제 날씨와 상관없이 형식적으로 정해진 어구를 사용한다.
- 월별로 정해진 어구를 사용한다.
- 「時下(じか)」(요즈음, 최근)는 계절과 상관없이 1년 내내 사용할 수 있는 인사말이다.
- 월별로 사용하는 인사말

월	인사말
1월	新春(しんしゅん)の候(こう) / 初春(しょしゅん)の候 / 厳寒(げんかん)の候 (신춘에 / 초봄에 / 엄동설한에)
2월	立春(りっしゅん)の候 / 余寒(よかん)の候 / 残雪(ざんせつ)の候 / 春寒(しゅん)かんの候 (입춘에 / 늦추위에 / 잔설이 있는 계절에 / 봄추위에)
3월	早春(そうしゅん)の候 / 春分(しゅんぶん)の候 / 浅春(せんしゅん)の候 (이른 봄에 / 춘분의 계절에 / 초봄에)
4월	陽春(ようしゅん)の候 / 春暖(しゅんだん)の候 / 桜花(おうか)の候 (화사한 봄날에 / 따뜻한 봄날에 / 벚꽃 피는 계절에)
5월	新緑(しんりょく)の候 / 晩春(ばんしゅん)の候 / 若葉(わかば)の候 (신록의 계절에 / 늦봄에 / 새싹 피는 계절에)
6월	立夏(りっか)の候 / 初夏(しょか)の候 / 梅雨(ばいう)の候 (입하의 계절에 / 초여름에 / 장마철에)
7월	盛夏(せいか)の候 / 猛暑(もうしょ)の候 / 酷夏(こっか)の候 (한여름에 / 맹서의 계절에 / 혹서의 계절에)
8월	残暑(ざんしょ)の候 / 晩夏(ばんか)の候 / 立秋(りっしゅう)の候 (늦더위에 / 늦여름에 / 입추의 계절에)
9월	初秋(しょしゅう)の候 / 新涼(しんりょう)の候 / 新秋(しんしゅう)の候 (초가을에 / 시원해지기 시작한 계절에 / 초가을에)
10월	紅葉(こうよう)の候 / 仲秋(ちゅうしゅう)の候 / 秋涼(しゅうりょう)の候 (단풍 지는 계절에 / 중추의 계절에 / 시원한 계절에)
11월	晩秋(ばんしゅう)の候 / 落葉(らくよう)の候 / 向寒(こうかん)の候 (늦가을에 / 낙엽이 지는 계절에 / 추위가 시작되는 요즘)
12월	師走(しわす)の候 / 初冬(しょとう)の候 / 寒冷(かんれい)の候 (연말에 / 초겨울에/ 한랭한 요즘에)

(4) 안부인사(慶賀のあいさつ)

- 상대방 회사의 발전을 기원하는 인사말.
- 몇 가지 어구를 조합하여 사용한다.

貴社(きしゃ) / 貴店(きてん) / 貴行(きこう) / 御社(おんしゃ) / 皆様(みなさま) / 貴殿(きでん) / 貴職(きしょく)

⬇

には / におかれましては(생략가능)

⬇

ますます / いよいよ / 一段(いちだん)と / いっそう

⬇

ご発展(はってん) / ご清栄(せいえい) / ご清祥(せいしょう) / ご繁栄(はんえい) / ご隆盛(りゅうせい) / ご健勝(けんしょう)

⬇

のことと / の段(だん) / の由(よし) / のご様子(ようす) / のほど

⬇

お慶(よろこ)び申し上げます / 大慶(たいけい)に存じます / 拝察(はいさつ)いたします / 何よりと存じます

貴社(きしゃ) / 貴店(きてん) / 貴行(きこう) / 御社(おんしゃ) / 皆様(みなさま) / 貴殿(きでん) / 貴職(きしょく)

- 貴社: 일반적인 표현이다.
- 貴店: 상대방 명칭이 「店」일 경우 사용한다.
- 貴行: 상대방이 은행일 경우 사용한다.
- 개인에게 보낼 때에는 「貴社」가 아니라 「貴殿」 「貴職」를 사용.

  이 경우 「ご発展」을 쓰지 않고 「ご清祥」나 「ご健勝」를 사용한다.

  예1 貴社ますますご発展のこととお慶び申し上げます。

    (귀사가 더욱 발전하시기를 기원합니다.)

예2 貴行いっそうご繁栄の段、大慶に存じます。

      (귀 은행이 더한 번영을 이루시는 것을 매우 기쁘게 생각합니다.)

(5) 감사인사(感謝のあいさつ)

• 평소에 신세진 것에 대한 감사를 표현한다.

• 몇 가지 어구를 조합해서 사용한다.

平素(へいそ)は / 日頃(ひごろ)は / いつも / このたびは / 先日(せんじつ)は

⬇

格別(かくべつ)の / 何かと / 一方(ひとかた)ならぬ / たいへん

⬇

お引き立て / お心配(こころくばり) / ご高配(こうはい) / ご厚情(こうじょう) / ご愛顧(あいこ) / ご指導(しどう) / ご支援(しえん)

⬇

を賜(たまわ)り / をいただき / にあずかり / くださいまして

⬇

厚く御礼(おんれい)申し上げます / 感謝申し上げます / 誠にありがたく存じます / 心からお礼申し上げます

예1 平素は格別のご愛顧を賜り、誠にありがたく存じます。

      (평소에 각별한 사랑을 베풀어 주셔서 진심으로 감사드립니다.)

예2 このたびは一方ならぬお引き立てにあずかり、厚く御礼申し上げます。

      (요전에는 각별히 신경 써 주셔서 깊이 감사드립니다.)

4) 주문

(1) 주문(主文)

• 본문의 핵심 부분. 상대방에 전달할 핵심 내용을 작성한다.

• 「さて」「つきましては」「なお」순으로 구성되는 것이 일반적이다.

(2) 「さて」(그런데)

- 전문에서 주문으로 들어갈 때에 사용하는 접속표현.
- 「さて」에 이어지는 표현으로 다음을 자주 사용하다.
  - 「この度(たび)」(이번에)
  - 「早速(さっそく)ではございますが」(다름이 아니오라)
  - 「標題(ひょうだい)について」(제목에 관해서)

(3) 「つきましては」(그리하여, 이러한 내용에 입각하여)

- 「つきましては」뒤에는 상대방에게 전달하고자 하는 주된 내용(요구사항, 주장, 거절 등)을 적는다.
- 짧은 용건일 경우엔 사용하지 않기도 한다.

(4) 「なお」(또한)

- 「つきましては」에서 전달한 내용 이외에 추가사항이 있을 경우에 「なお」이하에 보충한다.

5) 말문

(1) 말문(末文)

- 본문의 끝맺음에 사용하는 형식적인 인사말.
  - 앞으로도 좋은 관계를 바라는 인사
  - 건강 기원
  - 주문(主文) 용건을 확인
  - 답장을 부탁하거나 답신인 경우
- 앞으로도 좋은 관계를 바라는 인사
  「今後(こんご)ともいっそうのご指導(しどう)を賜(たまわ)りますようよろしくお願い申し上げます。」(앞으로도 많은 지도편달을 부탁드리겠습니다.)
  「何卒(なにとぞ)いっそうお引き立てくださいますようお願い申し上げます。」
  (아무쪼록 더욱 더 신경 써 주시길 부탁드리겠습니다.)
- 건강 기원
  「時節柄(じせつがら)どうぞご自愛(じあい)くださいませ。」(때가 때인 만큼 자애하

시기 바랍니다.)

「末筆(まっぴつ)ながら皆様のご健勝を心からお祈(いの)り申し上げます。」

(끝으로 여러분의 건승을 마음으로 기도 드리겠습니다.)

- 주문(主文) 용건을 확인

「まずは、取(と)り急(いそ)ぎご連絡申し上げます。」

(우선은 서둘러서 연락드립니다.)

「以上、書中(しょちゅう)をもって、ご依頼(いらい)申し上げます。」

(이상으로 서면으로 의뢰 드리겠습니다.)

「まずは、ご通知(つうち)申し上げます。」(우선은 통지를 보내 드리겠습니다.)

「とりあえずご一報(いっぽう)申し上げます。」(우선 알려 드립니다.)

- 답장을 부탁하거나 답신인 경우

「それでは、ご返事(へんじ)お待ちしております。」(그러면 답장 기다리겠습니다.)

「恐縮(きょうしゅく)ですが、ご返事(へんじ)のほどよろしくお願い申し上げます。」(송구스럽지만 답변을 부탁드리겠습니다.)

「取(と)り急(いそ)ぎ、ご返事(へんじ)まで。」(서둘러 답변 보내 드립니다.)

[2] 정형문 작성 실습

Q 1 다음 단어를 올바르게 나열하여 본문 첫 부분을 완성해 봅시다.

誠にありがとうございます	ますます	
	のことと	貴社
新緑の候　ご繁栄		
平素は	拝啓	
	ご愛顧を賜り	
お慶び申し上げます		格別の

힌트: 전문구성은 머리말+계절인사 − 안부인사 − 감사인사 순

답: 拝啓　新緑の候、貴社ますますご繁栄のこととお慶び申し上げます。平素は格別
のご愛顧を賜り、誠にありがとうございます。

Q 2 다음 단어를 올바르게 나열하여 말문을 완성해 봅시다.

取り急ぎ

ご連絡　　　　　　　　まずは

申し上げます

힌트: 주문(主文) 용건을 확인하는 인사말

답: まずは、取り急ぎご連絡申し上げます。

03_비즈니스 메일 작성의 기본

학습내용

• 비즈니스 메일의 서식과 정형문

학습목표

• 비즈니스 메일의 서식을 이해하고 정형문을 활용할 수 있다.

[1] 비즈니스 메일

1) 비즈니스 메일

(1) 비즈니스 메일(ビジネスメール)

- 다양한 비즈니스 업무에서 사용하는 전자 메일.
- 일상적인 업무 연락 수단의 중심이 된다.
- 비즈니스 문서보다는 서식 및 정형문이 간단하다.
- 중요한 비즈니스에는 메일보다는 비즈니스 문서를 사용한다.

(2) 비즈니스 메일 서식

| 宛先： | 田中浩二 ; |
| 件名： | ○○○のお知らせ **❶** 제목 |

ファイルを添付　**URLでシェア**

株式会社　松井商事　**❷** 수신자명
広報部　田中浩二　様

サイバー商事の金韓国です。　**❸** 자기 소개
いつもお世話になっております。　**❹** 서두 인사

…………………………………………………
…………………………………………………
…………………………………………………　　**❺** 본문
…………………………………………………

以上、よろしくお願いいたします。　**❻** 맺음말

＊＊＊＊＊＊＊＊＊＊＊＊＊＊＊＊＊＊＊＊＊＊＊＊＊＊＊＊＊＊＊＊
株式会社　サイバー商事　営業部　金韓国
〒000-0000　東京都新宿区西新宿○-○○-○○　**❼** 서명
TEL: +81-3-XXXX-XXXX　FAX: +81-3-XXXX-XXXX
e-mail: hankookkim@……．com
URL: https:// ……………
＊＊＊＊＊＊＊＊＊＊＊＊＊＊＊＊＊＊＊＊＊＊＊＊＊＊＊＊＊＊＊＊

❶ 제목(件名)
- 메일 내용을 바로 파악할 수 있는 제목을 사용한다.
  - 「～のお知らせ」「～のご報告」「～についてのお詫び」등

❷ 수신자명(宛名)
- 비즈니스 메일은 수신자명부터 적는다.
- 일상적으로 간단한 연락을 자주 주고받는 관계면 회사명을 간략히(즉 株式会社 생략)하거나 부서명(広報部)을 생략할 수 있다.
- 담당자 간의 일상적이고 간단한 연락을 주고 받을 경우에는 「田中様」도 사용할 수 있다.
- 수신자가 복수일 경우 「広報部各位」등도 가능하다.

❸ 자기 소개(名乗(なの)り)
- 서두 인사와 자기소개는 하나의 세트로 사용된다.
- 정식으로 자기소개를 할 경우 '조직명－부서명－이름'을 쓴다.

(예: 「株式会社サイバー商事営業部の金韓国です」)

- 자주 연락을 주고 받는 관계일 경우 「サイバー商事営業部の金です」로 쓸 수도 있다.

❹ 서두인사(あいさつ文)

- 비즈니스 문서의 전문(前文)에 해당하는 부분.

- 비즈니스 문서의 머리말이나 인사말같이 딱딱한 정형문은 사용할 필요가 없다. 간결하게 작성한다.

- 가장 일반적인 서두 인사

  「いつもお世話になっております」

- 좀 더 정중한 서두 인사

  「いつも大変お世話になっております」

- 보다 정중한 서두 인사

  「平素は格別のお引き立てをいただきありがとうございます」

  (평소에 각별히 신경 써 주셔서 감사드립니다)

  「日頃は格別のご高配を賜り、誠にありがとうございます」

  (평소에 각별히 배려해 주셔서 진심으로 감사드립니다)

- 처음 연락하는 상대에 사용하는 서두 인사

  「突然のメールで失礼いたします」「初めてメールを差し上げます」「初めてご連絡を差し上げます」

- 오랜만에 상대에게 메일 보낼 경우 사용하는 서두 인사

  「ご無沙汰しております」(그동안 격조했습니다)

  「すっかりご無沙汰をしております」(그동안 참으로 격조했습니다)

- 메일 답장 시에 사용하는 서두 인사

  「ご連絡ありがとうございました」「メールありがとうございました」「メール拝読いたしました」

  cf. 「いつもお世話になっております」뒤에 이어서 사용하면 좋다.

❺ 본문(主文)

- 비즈니스 문서처럼 「さて」「早速ですが」를 사용해도 되지만 바로 용건으로 들어가도 된다.

- 간결하게 작성하는 것이 중요하다.

- 가독성을 위해 한 행에 30-35문자 정도를 입력한다.

❻ 맺음말(末文, 終わりのあいさつ)

- 비즈니스 문서의 말문(末文)에 해당한다.
- 서두 인사처럼 의례적인 인사는 필요하지 않다.
- 본문 내용에 부합하는 인사말을 사용한다.
- 일반적으로 자주 사용되는 인사말

「それでは、失礼いたします」「また改めてご連絡差し上げます」「取り急ぎお知ら
せ申し上げます」등

- 답장을 부탁할 경우

「ご返信をお待ち申し上げております」

「お手数ではございますが、ご一読のうえご返信いただければ幸いです」

(번거로우시겠지만 한번 읽어 보시고 답장 주시면 감사드리겠습니다)

「恐れ入りますが、ご検討のうえメールにてお返事を賜りますようお願い申し上
げます」(죄송하지만 검토하신 후에 메일로 답장주시길 부탁드리겠습니다) 등

❼ 서명(署名(しょめい))

- 회사명, 부서명, 성명, 주소, 전화번호, 팩스번호, 이메일 주소, 회사 홈페이지 등을 적
는다.

2) 교재에서 다루는 비즈니스 문서 작성

- 비즈니스 문서 보다는 비즈니스 메일을 중심으로 진행한다.
- 다양한 비즈니스 장면에 사용되는 메일을 다루고자 한다.

04_학습정리

1) 비즈니스 문서와 그 서식

- 사내문서와 사외문서로 구분한다.
- 사외문서는 경어 사용이 중요하다.
- 사외문서 서식: 문서번호－발신일자－수신자명－발신자명－제목－본문[머리말－전문(인사말)－주문－말문－맺음말]－별도기재－부기－첨부자료－최종 맺음말－담당자명 순으로 구성한다.

2) 비즈니스 문서 본문에 사용하는 정형문

- 머리말(頭語): 拝啓
- 인사말: 계절인사(時候のあいさつ)－안부인사(慶賀のあいさつ)－감사인사(感謝のあいさつ)

  拝啓 貴社ますますご発展のこととお慶び申し上げます。平素は格別のご愛顧を賜り、誠にありがたく存じます。
- 주문(主文): 「さて」「つきましては」「なお」순으로 구성
- 말문(末文): 본문의 끝맺음에 사용하는 형식적인 인사말

  何卒いっそうお引き立てくださいますようお願い申し上げます。
- 맺음말(結語): 敬具

3) 비즈니스 메일

- 비즈니스 문서보다는 서식과 정형문 사용이 단순하다.
- 수신자명－자기소개－서두 인사－본문(주문)－맺음말－서명 순으로 구성한다.

05_실전 문제

Q 1 다음 비즈니스 문서 중에 의례문서를 고르시오.

① 依頼状　　　　　　　　② 照会状

③ 通知状　　　　　　　　④ 案内状

Q 2 다음 중 비즈니스 문서의 서식 중에 틀린 부분을 고르시오.

```
                                          ① 営12－221
                                   20XX年　X月X日

(株)山田商事 ②
広報部長　山田次郎様③

                                          □□□商事
                                   ④営業部長　本田一郎
```

① 営12－221　　　　　　　② (株)山田商事

③ 広報部長　山田次郎様　　④ 営業部長 本田一郎

Q 3 비즈니스 문서에서 3월에 쓰는 계절인사로 부적절한 것은?

① 立春の候　　　　　　　② 浅春の候

③ 時下　　　　　　　　　④ 春分の候

Q4 다음은 비즈니스 문서 전문 인사말에 사용되는 어구들이다. 알맞게 배열하시오.

いっそう 　　　　日頃は 　　　　ご発展 　　　　大慶に存じます
をいただき 　　　心からお礼申し上げます 　　　貴社
一方ならぬ 　　　ご愛顧 　　　の由 　　　　　　　　時下

Q5 다음은 비즈니스 문서 말문에 사용되는 어구들이다. 알맞게 배열하시오.

心から 　　　　　申し上げます 　　　　末筆ながら
皆様の 　　　　　お祈り 　　　　　　ご健勝を

Q6 다음 중 오랜만에 상대에게 메일을 보낼 경우에 사용하는 서두 인사로 적절한 것은?

① いつもお世話になっております。
② お久しぶりです。
③ 初めてメールを差し上げます。
④ ご無沙汰しております。

통지·안내 메일

01_메일 작성 시 유의사항

학습내용

- 메일 작성 시 유의사항
- 본문 작성에 필요한 사항

학습목표

- 메일 작성 시 유의할 점에 대해 알 수 있다.
- 비즈니스 메일의 본문 내용에 주의할 사항에 대해서 알 수 있다.

[1] 비즈니스 메일 작성 시 유의점 1

1) 비즈니스 메일 작성 시 유의점

(1) 비즈니스 메일의 서식

① 수신자(宛先) (+발신인(送信者・差出人名))

② 첨부파일(添付ファイル)

③ 본문(主文)

(2) 수신자(宛先(あてさき))

- 수신자는 이메일 주소(예: xxxx@○○○○.co.jp)

- 비즈니스 일본어 메일에서 수신자로 이메일 주소만 기입하는 것은 성의가 없어 보인다.

- 비즈니스 매너를 고려한 수신자 표시법

　회사명－부서명－직책－성명－경칭 <이메일 주소>

　회사명－부서명－성명－경칭 <이메일 주소>

　회사명－성명－경칭 <이메일 주소>

　성명－경칭(회사명) <이메일 주소>

　예: XX商事 営業部 課長 佐藤浩一 <ksato@○○○○.co.jp>

- 수신자 표시(이메일 앱에서 지정하면 편리함)

　XX商事_営業部_課長_佐藤浩一様 <이메일 주소>

XX商事_営業部_佐藤浩一様 <이메일 주소>

XX商事_佐藤浩一様 <이메일 주소>

佐藤浩一様(XX商事) <이메일 주소>

- 발신인(送信者(そうしんしゃ)・差出人名(さしだしにんめい)) 표시도 '회사명−성명'이나 '성명(회사명)'으로 표시한다. (이메일 앱에서 지정하면 편리하다)

  예: サイバー商事 営業部 金韓国 <hankookkim@○○○○.co.jp>

- 발신인 표시(이메일 앱에서 지정하면 편리함)

  サイバー商事_金韓国 <이메일 주소>

  金韓国(サイバー商事) <이메일 주소>

(3) 수신자 구분(「TO」「CC」「BCC」)

- 수신자는 받는 사람(「TO」), 참조(「CC」), 숨은 참조(「BCC」)의 3가지로 구분된다.

구분	정식 명칭	상대방 이메일 주소	어떤 사람을 넣어야 하나
TO	―――	보임	메일 내용 담당자
CC	カーボンコピー (carbon copy)	보임	메일 내용 관계자
BCC	ブラインドカーボンコピー (blind carbon copy)	안 보임	다른 수신자에게 보이지 않게 정보를 공유하고 싶은 사람

- 수신자 구분의 예

  예1 거래처 담당자: 山田一郎様<yamada@○○○.co.jp>

  거래처 관계자: 田中次郎様<tanaka@○○○.co.jp>

  자사 관계자: 寺田敦<terada@□□□.co.jp>, 山本進<yamamoto@□□□.co.jp>

  　　　　　　　　　　　　　　　　　　(거래처에 이메일 주소를 알리고 싶지 않음)

  예2 to: 山田一郎様<yamada@○○○.co.jp>

  cc: 田中次郎様<tanaka@○○○.co.jp>, 寺田敦<terada@□□□.co.jp>

  bcc: 山本進<yamamoto@□□□.co.jp>

  이 경우 메일 본문의 수신자명에 참조인을 넣는 것이 매너이다.

  スザク社

  営業部

山田一郎様

(cc: 田中次郎様、寺田敦) → 관계자가 많을 경우엔 (cc: 関係者各位)도 가능

(4) 첨부파일(添付(てんぷ)ファイル)

- 비즈니스 업무에서 메일의 장점: '장문의 문서', '표', '그림', '음성 데이터' 등을 파일로 첨부할 수 있다.
- 첨부파일은 비즈니스에 문제를 일으킬 수도 있다.
  - 첨부파일 용량이 크면 수신이 불가능한 경우도 있다.
  - 컴퓨터 환경에 따라 파일을 열지 못할 수도 있다.
- 비즈니스 메일의 첨부파일에도 규칙과 매너가 있다.
- 첨부파일의 규칙과 매너
  ① 기본적으로 첨부파일 합계 용량이 3mb를 초과하지 않도록 한다. (압축 또는 분할 송신)
  ② 사이즈가 큰 파일을 보낼 경우 파일 전송 서비스(ファイル転送サービス)를 이용한다. (메일로 사전에 통지)
  ③ 첨부파일의 종류를 본문 안에 명기한다.
  예 企画書(Power Pointファイル)をお送りします。
  ④ 복수의 첨부파일을 보낼 경우에도 각각의 파일을 설명한다. (개조식으로 작성)
  예 ●新商品企画書(Power Pointファイル) … まずご覧ください。
  　　●アンケート調査データ… 参考資料です。
  ⑤ 메일과 첨부파일을 구분해야 할 필요가 있는 경우 억지로 본문에 쓰기 보다는 첨부파일로.
  - 상대방에게 문서 내용의 확인・수정・편집을 받을 경우.
  - 메일 내용과 독립되어 있는 것(제안서, 기획서, 견적서 등)

1) 비즈니스 메일의 본문

(1) 비즈니스 메일의 서식: 본문(主文)

- 비즈니스 문서처럼 「さて」「早速の知らせですが」를 사용해도 되지만 바로 용건으로 들어가도 된다.
- 간결하게 작성하는 것이 중요하다.
- 가독성을 위해 한 행에 30-35문자 정도를 기입한다.

(2) 비즈니스 메일의 본문 내용 구성에 필요한 것

- 본문은 상대방이 읽기 편해야 함

① 내용을 알기 쉽게

- 본문의 첫째 줄에 메일의 목적을 알기 쉽게 써야한다.
- 메일은 한 통당 용건 하나만 써야한다.(불가피하게 복수의 용건을 쓸 경우 제목과 본문을 구분해서 써야한다)

예 件名: ○○のお知らせ/ □□のご報告

■ ○○のお知らせ(본문 안에 소제목 사용)

■ □□のご報告(본문 안에 소제목 사용)

- 5W3H를 의식하면서 써야한다.

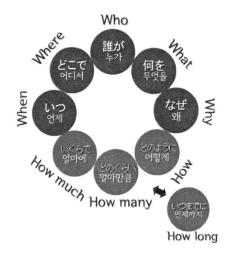

② 비즈니스를 의식한 언어 사용

- 사내 메일은 격식보다는 간결함과 속도를 중시하지만 사외 메일은 경어 등의 격식을 갖춰야 한다.
- 이모티콘(絵文字)나「？」「！」등의 문장부호를 많이 사용하면 좋지 않다.
- 부탁 또는 다른 의견을 내거나 거절을 할 경우에는 정중한 인상을 주는 쿠션어 (クッション言葉)를 사용한다.
- 주요 쿠션어
  - 恐(おそ)れ入りますが(송구스럽지만)
  - お手数(てすう)ですが(수고스러우시겠지만)
  - ご面倒(めんどう)ですが(귀찮으시겠지만)
  - ご迷惑(めいわく)をおかけしますが(폐를 끼치게 되었습니다만)
  - 大変恐縮(きょうしゅく)ですが(대단히 죄송하지만)
  - 申し訳ございませんが(죄송하지만)
  - お忙しいとは存じますが(바쁘시다고는 알고 있지만)
  - よろしければ(괜찮으시다면)
  - お差支(さしつか)えなければ(지장 없으시다면)
  - 失礼(しつれい)ですが(실례지만)
  - 念(ねん)のため(만일을 대비하여)
  - あいにくではございますが(공교롭지만)
  - せっかくですが(모처럼이지만)
  - 残念(ざんねん)ながら(유감스럽지만)
  - 申し上げにくいのですが(말씀드리기 송구스럽지만)
  - 大変心苦(こころぐる)しいのですが(매우 마음이 편치 않습니다만)

③ 메일의 특징을 반영한 매너

- 이메일은 왼쪽 정렬 문서로 작성한다.
- 한 줄에 30-35자로 사용: 대략 두점(読点)이 찍히는 위치에서 줄을 바꾼다.
- 의미를 구분하는 단락 사이에 1행을 띄운다.
- 비즈니스 메일은 HTML 형식이 아닌 텍스트 형식으로 작성한다.
- 컴퓨터 기종이나 운영체제(OS)에 따라 읽을 수 없는 '운영체제 의존적 문자(機種依存文字)' 가 없도록 주의한다.

－ 원문자・괄호문자: ①, ②, ③, (a), (b), (c)…

－ 생략문자・단위: Tel, ㊞, cm, km, ㊦, ㈱…

－ 로마숫자: Ⅰ, Ⅱ, Ⅲ…

[3] 실습 문제

Q 1 다음 사람들에게 비즈니스 메일을 보내고자 합니다. 수신자를 올바르게 표시하고 받는 사람(「TO」), 참조(「CC」), 숨은 참조(「BCC」)로 구분해 봅시다.

거래처 담당자: □□商事　広報部　田中茂　<…>

거래처 관계자: □□商事　広報部 課長 向井徹　<…>

자사 관계자: ○○商事　広報部 課長 山田進　<…>

Q1　to:　□□商事_広報部_田中茂様 <…>

　　cc:　□□商事_広報部_課長_向井徹様 <…>,

　　　　山田進 <…> (상대방에게 메일 내용이 공유되는 것을 알 경우)

　　bcc: 山田進<…> (상대방에게 메일 내용이 공유되는 것을 모를 경우, 상대방에게 메일 주소를 알리고 싶지 않을 경우)

02_통지 메일

• 통지 메일의 특징 및 작성법

• 통지 메일이 사용되는 상황 및 구체적인 예시를 통해 통지 메일 작성법을 익힐 수 있다.

[1] 통지 메일

1) 통지 메일

(1) 통지 메일(通知(つうち)メール)이란 무엇인가?

  • 업무에 관한 정보를 전달하는 메일.

  • 의례적 요소가 적고 사무적으로 간략화된 글을 작성한다.

(2) 통지 메일 작성 시 주의점

  • 상세 내용을 상대방이 보기 쉽게 작성해야 한다.

    − 일정, 장소 등은 별도기재로(「記」를 쓸 필요는 없음) 행의 맨 앞에 「■」 등을 달아서 알기 쉽게 작성한다.

  • 숫자 기재 실수에 주의한다.

    − 일정, 전화번호, 금액 등의 숫자를 틀리면 상대방에게서 신뢰를 잃을 수 있다.

  • 확인 메일을 유용하게 활용해야 한다.

     − 통지 메일은 상대방 일정을 고려해서 여유 있게 보내는 것이 좋다.

     − 예정일 2-3일 전에 다시 확인 메일을 보내는 것이 좋다.

(3) 통지 메일의 종류

    出荷通知(출하 통지)   品切れ通知(품절 통지)   送金通知(송금 통지)

    商品価格改定のお知らせ(상품 가격 개정 안내)

    電話番号の変更(전화번호 변경) 社屋移転の通知(사옥 이전 통지)

    休業日の通知(휴업일 통지) 臨時休業の通知(임시휴업 통지)

2) 통지 메일의 예(상품 가격 변경)

(1) 메일 작성의 포인트

    • 가격을 변경해야 하는 이유를 명확히 쓰고 상대방의 이해를 얻어야 한다.

    • 가격을 변경하는 시기를 명확히 써야 한다.

(2) 제목 및 본문(5W 3H)

    • 제목: 商品価格改定のお知らせ

    • なぜ(why): 원자재의 가격 상승 등(구체적이고 합리적인 이유를 적어야 함)

    • 誰が(who): 우리 회사

    • 何を(what): 자사 상품 가격

    • いつ(when): 다음 달(4월 1일)부터

    • いくらで(how much): 첨부 자료로 제시

(3) 메일 전체 내용

(4) 본문(主文) 내용 확인

弊社商品の価格改定についてご連絡させていただきます。 (폐사 상품의 가격 변경에 대해 연락 드립니다.)

- 작성 포인트: 메일의 목적을 서두에 작성
- 弊社(へいしゃ): 자기 회사를 낮추어 부르는 말 (小社(しょうしゃ)도 사용)
- 価格改定(かかくかいてい): 가격 변경, 가격 변동
- ご連絡させていただきます: 「連絡する」의 정중한 표현(통지 메일에 사용하는 어구)

昨今、原材料の価格高騰が続いており、原材料費等の負担が以前よりも大きくなっております。 (최근에 원재료 가격급등이 계속되고 있어 원재료비 등의 부담이 이전보다도 커졌습니다.)

- 작성 포인트: 가격 변경의 배경, 이유
- 昨今(さっこん): 요즘, 최근, 문어체 표현
- 価格高騰(こうとう): 가격급등
- ており: 「ていて」의 문어체 표현
- 等(など): 등

弊社でもさまざまな対策を講じ価格維持に努めてまいりましたが、これ以上は困難な状況となってしまいました。(폐사에서도 여러 가지 대책을 강구하여 가격유지에 힘써 왔지만 이 이상은 곤란한 상황이 되어 버렸습니다.)
- 작성 포인트: 회사 나름대로의 노력을 기술
- さまざまな: 「色々な」보다 문어체적 표현
- 講(こう)じる: 강구하다. 연용중지(문어체)
- てまいりました: 「てきました」의 겸양어

そこで、誠に不本意ではございますが、来る４月１日より価格を改定させていただきたくことになりました。(그리하여 진심으로 유감이지만 오는 4월 1일부터 가격을 변경하게 되었습니다.)
- 작성 포인트: 일시를 명시하고 가격을 변경함을 통지
- 不本意(ふほんい): 본의가 아님
- ではございますが: 「です」의 정중표현
- 来(きた)る: 오다, 다가오다(문어체 표현) (⇔ 去(さ)る)
- より: 「から」보다 문어체적 표현

弊社事情にご理解いただけると幸いです。なお、4月1日以降の価格については対象商品および価格をまとめた資料を添付にてお送りいたします。(폐사 사정을 이해해 주시면 감사드리겠습니다. 4월 1일 이후의 가격에 대해서 대상 상품 및 가격을 정리한 자료를 첨부해서 보내 드리겠습니다.)
- 작성 포인트: 가격 인상은 상대방에게 부정적이고 민감한 부분이므로 본문에 직접 명기해도 되지만 첨부 자료로 보내는 것이 좋음. 첨부파일 종류를 명기하자.
- ご理解いただけると幸(さいわ)いです: '이해해 달라'는 말의 완곡 표현

- にて:「で」의 문어체적 표현
- お送りいたします:「送る」의 겸양어

ご確認いただけると幸いです。なにとぞご理解のほどよろしくお願い申し上げます。(확인해 주시면 감사드리겠습니다. 부디 너그러이 이해해 주십사하는 부탁의 말씀을 드리겠습니다.)
- 작성 포인트: 맺음말은 본문 내용에 맞게 작성
- なにとぞ:「どうか」(부디),「どうぞ」(부디),「ぜひとも」(꼭)보다 정중한 의미로 사용
- ご理解のほど:「ご理解していただくよう」(이해해 주시길)를 나타내는 표현

3) 통지 메일에 쓰이는 문구

(1) 결과 통지, 연락
- 「～させていただきます」(～하도록 하겠습니다)
- 「～をもちまして～させていただきます」((날짜)를 기하여 ～하도록 하겠습니다)
- 「～こと{と/に}なりました」(～하게 되었습니다)
- 「(このたび)～する運(はこび)となりました」((이번에) ～하게 되었습니다)
- 「～ので、ご連絡いたします」(～하여 연락드립니다)
- 「～ので、ご通知申し上げます」(～하여 통지해드립니다)
- 「～ので、お知らせ申し上げます」(～하여 알려드립니다)

(2) 이전, 검토, 유감
- 「下記のとおり移転・営業の運びとなりました」(아래와 같이 이전・영업하게 되었습니다)
- 「下記へ移転いたしました」(아래와 같이 이전하였습니다)
- 「慎重(しんちょう)に検討しました結果」(신중히 검토한 결과)
- 「誠に残念ながら」(진심으로 유감이지만)
- 「誠に遺憾(いかん)ながら」(진심으로 유감이지만)

[2] 통지 메일 실습

1) 휴일 통지

(1) 통지 사항

- 휴업기간 제시: 우리 회사는 이번 2월 10일부터 5일간 설날 휴업을 합니다.

- 양해를 구함: 크게 불편을 끼치지만 아무쪼록 양해를 부탁드립니다.

(2) 통지 사항을 일본어로 하면

- 이번에 우리 회사는 2월 10일부터 5일간 설날 휴업을 합니다.

  ▶ このたび弊社では、2月10日から5日間、旧正月の休業とさせていただきます。

- 이번에 ▶ このたび(今回, 今度)

  우리 회사 ▶ 弊社

  설날 ▶ 旧正月(きゅうしょうがつ)

  휴업 ▶ 休業(きゅうぎょう)

  ~를 합니다 ▶ ~とさせていただきます

- 크게 불편을 끼치지만 아무쪼록 양해를 부탁드립니다.

  ▶ 大変ご迷惑をおかけしますが、何とぞご了承くださいますようよろしくお願い申し上げます。

- 크게 ▶ 大変(たいへん)

  불편을 끼치다 ▶ 迷惑(めいわく)をかける

  (겸양어) ▶ ご迷惑をおかけします

  양해 ▶ 了承(りょうしょう)

  양해를 부탁드립니다 ▶ 了承してください / ご了承ください / ご了承くださいますようよろしくお願いいたします / ご了承くださいますようよろしくお願い申し上げます

(3) 메일 예시

宛先 ：　‥‥‥‥ ；

件名 ：　旧正月休業日のお知らせ

ファイルを添付　　URLでシェア

‥‥‥‥‥‥‥‥‥‥‥‥‥‥‥‥‥‥‥

いつもお世話になっております。
サイバー商事の金です。

このたび弊社では、2月10日から5日間、
旧正月休業とさせていただきます。

大変ご迷惑をおかけしますが、
何とぞご了承くださいますようお願い申し上げます。

‥‥‥‥‥‥‥‥‥‥‥‥‥‥‥‥‥

03_안내 메일

학습내용

• 안내 메일의 특징 및 작성법

학습목표

• 안내 메일이 사용되는 상황 및 구체적인 예시를 통해 안내 메일 작성법을 익힐 수 있다.

[1] 안내 메일

1) 안내 메일

(1) 안내 메일(案内(あんない)メール)이란 무엇인가?

  • 거래처에 보내는 자사의 전시회(展示会(てんじかい))나 이벤트(催し物(もよおし
    もの))에 관한 정보를 전달하는 메일.

  • 목적(目的(もくてき)), 일시(日時(にちじ)), 장소(場所(ばしょ)), 문의처(問(と)い合
    (あ)わせ先(さき)) 등을 명기한다.

  • 경우에 따라서는 지도, 교통기관, 출결 여부 확인란 등을 같이 보내기도 한다.

(2) 안내 메일 작성 시 주의점

  • 통지 메일 작성 시 주의점과 동일하다.

  • 상세 내용을 상대방이 보기 쉽게 작성해야 한다.

  • 숫자 기재 실수에 주의한다.

• 확인 메일을 활용한다.

(3) 안내 메일의 종류

新商品のご案内(신상품(신제품) 안내)

新商品発表会のご案内(신제품 발표회 안내)

新サービスのご案内(신규 서비스 안내)

次回打ち合わせのご案内(다음 회의 안내)

キャンペーンのご案内(캠페인 안내)

講演会のご案内(강습회 안내)

会社説明会のご案内(회사 설명회 안내)

展示会開催のご案内(전시회 개최 안내)

2) 안내 메일의 예(신상품 설명회 안내)

(1) 메일 작성의 포인트

• 단순 이벤트 정보 제공이 아닌 상대방의 출석·참가가 목적이다.

• 일시, 장소, 내용을 알기 쉽게 써야한다.

• 바쁘겠지만 상대방 출석·참가하도록 부탁한다.

• 표현에서 정중함을 필요로 한다.

(2) 메일 전체 내용

```
宛先：  …… ;
件名：  新商品「○○」発表会のご案内

[ファイルを添付]  [URLでシェア]

平素より格別のお引き立てを賜り、
誠にありがとうございます。

下記の通り、本年度新商品の発表会を
開催する運びとなりました。

日頃より弊社をご愛顧いただいている皆様方に
一足先にお披露目の場をご用意させていただきました。

つきましては、ご多用のところ大変恐縮でございますが、
ご来場賜りますよう宜しくお願い申し上げます。

◆新商品発表会のご案内
■内容：新商品「○○」の発表会
■日時：○月○日（○）14時～16時
■会場：○○ホテル2階  ○○ホール
　　　　東京都品川区品川○○○
　　　　電話：０３-○○○○-○○○○
■問い合わせ先：担当　金（電話：０３-○○○○-○○○○）
```

(3) 메일 내용 확인

平素より格別のお引き立てを賜り、誠にありがとうございます。**(평소에 각별히 신경 써 주셔서 진심으로 감사드립니다.)**

- 서두인사: 비즈니스 문서의 감사인사(感謝のあいさつ) 사용
- 平素(へいそ)より: 평소부터
- 引き立て: 특별히 돌봐줌, 후원
- 賜(たまわ)る: 윗사람에게서 받다

下記の通り、本年度新商品の発表会を開催する運びとなりました。**(아래와 같이 올해 신상품 발표회를 개최하게 되었습니다.)**

- 작성 포인트: 제목과 같이 결론을 먼저 작성함
- 下記(かき)の通(とお)り: 아래 쓴 것과 같이
- 本年(ほんねん): 「今年」의 문어체 표현
- 運(はこび): (일의) 단계

- 運びとなる:「ことになる」

日頃より弊社をご愛顧いただいている皆様方に一足先にお披露目の場をご用意させていただきました。(평소부터 폐사를 애호해 주시는 여러분에게 한발 앞서 첫선을 보이는 장을 마련하였습니다.)
- 작성 포인트: 설명회의 목적을 기술
- 日頃(ひごろ): 평소
- 愛顧(あいこ): 애고, 애호, 아낌
- お披露目(ひろうめ):「披露」의 공손한 말, 첫 선을 보임

つきましては、ご多用のところ大変恐縮でございますが、ご来場賜りますよう宜しくお願い申し上げます。(그리하여 바쁘신 와중에 매우 송구스럽지만 찾아와 주실 것을 진심으로 부탁드리겠습니다.)
- 작성 포인트:「つきましては」뒤에는 상대방에게 전달하고자 하는 주된 내용이 옴. 찾아오길 부탁함
- 多用(たよう): 볼일이 많음, 바쁨
- ご多用のところ大変恐縮でございますが: 쿠션어
- 来場(らいじょう): 내방, 찾아옴

신상품 발표회 안내: 세부 내용
- 내용, 일시, 장소, 문의처 등 세부정보를 기입
- 비즈니스 문서처럼 별도기재로「記」를 사용할 필요 없음

3) 안내 메일에 쓰이는 문구
(1) 안내
- 「ご案内いたします」(안내해 드립니다)
- 「開催することになりましたので」(개최하게 되어서)
- 「開催する運びとなりましたので」(개최하게 되어서)
- 「催したく存じますので」(개최하고자 하여)
- 「実施することになりましたので」(실시하게 되어서)

- 「～の開催日時が下記のとおり決まりました」(～의 개최 일시가 다음과 같이 정해
  졌습니다)

(2) 참가 부탁
- 「ぜひご参加賜りますよう」(꼭 참가해주시길)
- 「ぜひお運びくださるよう」(꼭 와 주시길)
- 「ご来臨くださいますよう」(내방해 주시길)
- 「ぜひご出席くださいますよう」(꼭 출석해 주시기를)
- 「お気軽におこしください」(편히 방문해 주십시오)
- 「ふるってご参加ください」(적극 참석해 주십시오)
- 「ご参加をお待ちしております」(참가해 주시기를 기다리겠습니다)

(3) 참가 여부
- 「出欠のご返事を」(출결 답장을)
- 「ご出席のご都合を」(출석 가능하신지를)
- 「ご参加の諾否を」(참가 여부를)
- 「お知らせくださいますよう、お願い申しあげます」(알려 주시길 부탁드리겠습
  니다)
- 「お教え下さいますよう、お願い申しあげます」(가르쳐 주시길 부탁드리겠습니다)
- 「ご連絡くださいますよう、お願いいたします」(연락해 주시길 부탁드리겠습니다)

[2] 안내 메일 실습

1) 전시회 안내
(1) 안내 사항
- 서두인사: 평소에 저희 회사를 신경 써 주셔서 감사드립니다.
- 본문: 그런데 가을 전시회를 다음과 같이 개최하게 되었습니다. 바쁘신 것은 알지만
  아무쪼록 방문해 주시기를 부탁드립니다.
  (하기 생략)

(2) 안내 사항을 일본어로 하면

- 평소에 저희 회사를 신경 써 주셔서 감사드립니다.
  ▶ 平素より格別のお引き立てを賜り、誠にありがとうございます。
- 감사인사 정형문을 사용하면 된다.
- 그런데 가을 전시회를 다음과 같이 개최하게 되었습니다.
  ▶ さて、秋の展示会を下記のとおり開催することとなりました。
- 그런데 ▶ さて

  전시회 ▶ 展示会(てんじかい)

  다음과 같이 ▶ 下記のとおり

  개최 ▶ 開催(かいさい)

  ～하게 되다 ▶ ～すること{と/に}なる
- 바쁘신 것은 알지만 아무쪼록 방문해 주시기를 부탁드립니다.
  ▶ お忙しいとは存じますが、何とぞお越しくださいますようお願い申し上げます。
- 바쁘신 것은 알지만 ▶ お忙しいとは存じますが(쿠션어)

  아무쪼록 ▶ 何とぞ

  방문해 주시기를 부탁드립니다 ▶ お越しくださいますようお願い申し上げます。

(3) 메일 예시

04_학습정리

1) 비즈니스 메일 작성 시 유의점

- 수신자도 비즈니스 매너를 고려해서 표시해야 한다. (회사명－부서명－직책－성명－경칭<이메일 주소>)
- 「TO」, 「CC」, 「BCC」로 수신자를 구분한다.
- 첨부파일에도 규칙과 매너가 있다.
- 비즈니스 메일의 본문
    ① 내용을 알기 쉽게
    ② 비즈니스를 의식한 언어 사용
    ③ 메일의 특징을 반영한 매너

2) 통지 메일

- 업무에 관한 정보를 전달하는 메일.
- 의례적 요소가 적고 사무적으로 간략화된 글을 작성한다.
- 통지 메일의 종류
    出荷通知品, 切れ通知, 送金通知, 商品価格改定のお知らせ, 電話番号の変更, 社屋移転の通知, 休業日の通知, 臨時休業の通知
- 통지 메일에 쓰이는 문구
    「～させていただきます」「～をもちまして～させていただきます」「～こと{と/に}なりました」「(このたび)～する運(はこ)びとなりました」「～ので、ご連絡いたします」「～ので、ご通知申し上げます」「～ので、お知らせ申し上げます」「下記のとおり移転・営業の運びとなりました」「下記へ移転いたしました」「慎重(しんちょう)に検討しました結果」「誠に残念ながら」「誠に遺憾(いかん)ながら」

3) 안내 메일

- 거래처에 보내는 자사의 전시회나 이벤트에 관한 정보(일시, 장소, 내용 등)를 전달하는 메일.

- 단순 이벤트 정보 제공이 아닌 상대방의 출석·참가가 목적으로 표현에 정중함이 필요하다.

- 안내 메일의 종류

  新商品のご案内, 新商品発表会のご案内, 新サービスのご案内, 次回打ち合わせのご案内, キャンペーンのご案内, 講演会のご案内, 会社説明会のご案内, 展示会開催のご案内

- 안내 메일에 쓰이는 문구

  「ご案内いたします」「開催することになりましたので」「開催する運びとなりましたので」「催したく存じますので」「実施することになりましたので」「〜の開催日時が下記のとおり決まりました」「ぜひご参加賜りますよう」「ぜひお運びくださるよう」「ご来臨くださいますよう」「ぜひご出席くださいますよう」「お気軽におこしください」「ふるってご参加ください」「ご参加をお待ちしております」「出欠のご返事を」「ご出席のご都合を」「ご参加の諾否を」「お知らせくださいますよう、お願い申しあげます」「お教え下さいますよう、お願い申しあげます」「ご連絡くださいますよう、お願いいたします」

Q 다음 내용을 보고 메일 제목과 본문을 써 봅시다. (힌트: 3과 메일 예시)

수신인: 株式会社□□　白井様

발신인: 株式会社□□□　□□□(자신의 이름)

목적: 회사창립 10주년 기념식 안내, 일시는 5월 16일, 오후 1시부터 3시까지.

　　　장소는 □□호텔 2층 A홀 상세 내용은 별기로 표기

宛先:

件名 :

ファイル添附　　URLでシェア

‖ 참고 ‖

- 平素より　평소에
- 弊社　저희 회사
- ご愛顧いただき　애용해 주셔서
- 来(きた)る　오는
- (날짜)を持ちまして　~에
- 迎える　맞이하다
- ~ことと相成りました　~하게 되었습니다
- ひとえに　오로지
- ご指導・ご鞭撻の賜物　지도 편달의 덕택
- 衷心より　충심으로・진심으로

- お礼申し上げます　감사인사 드립니다
- 感謝の意　감사의 마음
- 表す　나타내다
- ~べく　~하고자
- 創立10周年記念式典　창립 10주년 기념식
- 開催　개최
- ~したく存じます　~하고자 합니다
- ご不明の点　불분명확한 점
- お問合せ　문의

의뢰·문의·확인 메일

01_의뢰 메일

학습내용

- 의뢰 메일 작성법

학습목표

- 의뢰 메일이 사용되는 상황 및 작성 시 주의점을 익힐 수 있다.
- 구체적인 예시를 통해 의뢰 메일 작성법을 익힐 수 있다.

[1] 의뢰 메일

1) 의뢰 메일

(1) 의뢰 메일(依頼(いらい)メール)이란 무엇인가?

- 자사 업무에 관한 것을 거래처 회사나 개인에게 부탁하는 메일.
- 의뢰 메일은 크게 두 가지로 분류된다.
  - ① 기존 업체 의뢰
  - ② 신규 업체 의뢰(신청 메일)

(2) 의뢰 메일 작성 시 주의점

- 일반적인 메일보다 성의를 가지고 정중하게 부탁한다.
- 납입기한 등을 확실하게 표시한다.
- 구체적인 의뢰내용은 개조식으로 작성한다.
- 의뢰에 대한 답변은 허가와 상관없이 답변한다.

① 기존 업체에 의뢰할 경우
- 오랫동안 연락이 없었을 경우「ご無沙汰しております」와 같은 인사와 더불어 근황을 보고하는 것이 매너다.

② 신규 업체에 의뢰할 경우
- 메일로 갑자기 연락하는 것에 대한 사과와 감사의 인사와 더불어 자기 소개를 한다.
- 회사로서 의뢰할 경우 회사 업종, 소속 부서명, 성명을 기입한다.

(3) 의뢰 메일의 종류

見積もりのお願い(견적 의뢰)

資料提供のお願い(자료 제공 의뢰)

カタログ送付のお願い(카탈로그 송부 의뢰)

納期延期のお願い(납기연기 의뢰)

新規取引のお願い(신규거래 의뢰)

取引先紹介のお願い(거래처 소개 의뢰)

展示会出展のお願い(전시회 출전 의뢰)

アンケート調査のお願い(앙케이트 조사 의뢰)

2) 의뢰 메일의 예(신규 거래 의뢰)

(1) 메일 작성의 포인트
- 처음 의뢰를 할 경우에는 반드시 자기소개를 한다.
- 갑작스럽게 연락하는 것에 대한 사과를 한다.
- 아울러 자기 회사에 대한 정보와 신규 거래의뢰의 목적을 명확히 기입한다.

(2) 제목
- 新規お取引のお願い, 新規取引のお願い, 新規取引について
- 제목 뒤에【 】를 넣고 회사명·성명을 넣을 수도 있다.

(3) 메일 전체 내용

```
宛先：  □□□□様；

件名：  新規 お取引のお願い

  会社経歴書 -pdf     商品案内書 -pdf

□□□株式会社
販売促進部　販促ご担当者様

時下ますますご隆盛のこととお喜び申し上げます。

□□の企画・販売をしております
株式会社□□□商事・営業部の□□□と申します。

さて、突然で誠に失礼と存じますが、
貴社との新規お取引をお願い申し上げたく
本日メールを差し上げた次第です。

弊社は○○年以来、○○○○の製造・販売で
○○地方を中心に業務展開しております。

このたび業務拡張を図り、△△地方におきましても
新規開拓を実施しております。
つきましては、御地で絶対なる信用と販売網を築かれている貴社と
ぜひともお取引願いたいと存じております。

弊社の会社概要、商品紹介等の資料を添付いたしましたので、
ご検討賜りますようお願い申し上げます。

略儀ながら、メールにて新規取引のお願いを申し上げます。

■  添付ファイル：会社経歴書（pdf ファイル）
             商品案内書（pdf ファイル）

------------------------------------------------
署名
------------------------------------------------
```

(4) 메일 본문 내용 확인

時下ますますご隆盛のこととお喜び申し上げます。 (더욱 번창하심을 기쁘게 생각
합니다.)

- 작성 포인트: 신규 거래 의뢰는 정중함을 요구하므로 인사도 비즈니스 문서에 사용
하는 '계절인사 + 안부인사 + 감사인사'를 사용한다. 「拝啓」는 사용할 필요가 없다.
- 時下(じか): 요즘(연중에 언제나 사용할 수 있는 계절인사)
- ますます: 더욱
- ご隆盛(りゅうせい): 융성, 번창함
- お喜び申し上げます: 「喜ぶ」의 겸양어(お＋(動マス形)＋する/いたす/申し上げる)

□□の企画・販売をしております株式会社□□□商事・営業部の□□□と申します。(□□의 기획・판매를 하고 있는 주식회사 □□□상사 영업부 □□□라고 합니다.)

- 작성 포인트: 인사말 뒤에는 자기 소개(회사업종, 회사명, 부서명, 성명)를 한다.
- ております: 「ている」의 겸양어. 뒤에 명사를 수식할 경우에도 「ます」를 사용할 수 있음
- 申(もう)します: 「言う」의 겸양어

さて、突然で誠に失礼と存じますが、貴社との新規お取引をお願い申し上げたく本日メールを差し上げた次第です。(다름이 아니고 갑작스런 연락으로 매우 실례되지만 귀사와의 신규거래를 부탁드리고 싶어 오늘 메일을 보내 드렸습니다.)

- 작성 포인트: 인사 및 자기소개를 하고 「さて」 이후에 메일의 목적으로 들어간다. 갑작스런 메일에 대한 사과와 신규거래 희망을 전한다.
- 貴社(きしゃ) 귀사 (비즈니스 문서, 메일에 사용) cf. 御社(おんしゃ) 회화에서 사용
- 差(さ)し上げる: 「上げる」의 겸양어
- 次第(しだい): 사정, 형편

弊社は○○年以来、○○○の製造・販売で○○地方を中心に業務展開しております。(폐사는 ○○년부터 ○○○의 제조・판매로 ○○지방을 중심으로 업무 영역을 넓히고 있습니다.)

- 작성 포인트: 자기 회사에 대해서 소개한다.
- 以来(いらい): 이래로, 부터
- 展開(てんかい): 전개, 확대

このたび業務拡張を図り、△△地方におきましても新規開拓を実施しております。(최근에 업무확장을 도모하여 △△지방에서도 신규 개척을 실시하고 있습니다.)

- 작성 포인트: 신규 거래의 이유 및 경위를 명시한다.
- 図(はか)る: 도모하다
- ～におきまして: 「～において」의 정중표현
- 開拓(かいたく): 개척
- 実施(じっし): 실시

つきましては、御地で絶対なる信用と販売網を築かれている貴社とぜひともお取引願いたいと存じております。(그리하여 그 지역에서 절대적인 신용과 판매망을 구축하고 계신 귀사와 거래하는 것을 꼭 허락해 주시기를 바랍니다.)

- 작성 포인트: 「つきましては」 이후에 상대방에게 전달하고자 하는 구체적인 내용인 '거래 희망'을 기술한다.
- 御地(おんち): 상대방 지역의 정중표현
- 絶対(せったい)なる: 「絶対的な」
- 築(きず)かれる: 「築く」의 존경어
- ぜひとも: 「ぜひ」의 강조
- お引取願う: 「お+(名・動マス形)+願う」～해 주시다
- 存(ぞん)じております: 「思っています」의 겸양어

弊社の会社概要、商品紹介等の資料を添付いたしましたので、ご検討賜りますようお願い申し上げます。(폐사의 회사 개요, 상품 소개 등 자료를 첨부하였사오니 검토해 주시기를 부탁드리겠습니다.)

- 작성 포인트: 검토를 요청한다. 상대방 회사는 우리 회사에 대한 정보를 모를 수도 있다. 상대방 회사의 이해와 거래 승낙을 받기 위해 자료를 제공한다.
- 添付(てんぷ)いたしました: 「添付した」의 겸양어

略儀ながら、メールにて新規取引のお願いを申し上げます。(약식이지만 메일로 신규 거래 부탁을 드립니다.)

- 작성 포인트: 신규 거래는 일반적으로 비즈니스 문서로 상대방 회사의 대표이사를 수신인으로 작성하는 것이 매너지만 최근에는 업무 타진의 차원에서 메일로 보내기도 한다. 맺음말로 약식으로 메일을 보냄을 전한다.
- 略儀(りゃくぎ): 약식(「略式(りゃくしき)」)

■ 添付ファイル: 会社経歴書(pdfファイル)(첨부파일: 회사 경력서(pdf 파일))
　　　　　　　商品案内書(pdfファイル)(상품 안내서(pdf 파일))
- 작성 포인트: 첨부파일은 개조식으로 작성하고 파일의 형식을 명기한다.

3) 의뢰 메일에 쓰이는 문구

(1) 의뢰

- 「~いただけますか」(~해 주시겠습니까)
- 「願えませんでしょうか」(부탁드릴 수 없을까요)
- 「(切(せつ)に/伏(ふ)して)お願い申し上げます」(부디 부탁드리겠습니다)
- 「お願いできればと存じます」(부탁드리고자 합니다)
- 「ご依頼申し上げます」(의뢰드리겠습니다.)
- 「懇願(こんがん)申し上げます」(간절히 부탁드리겠습니다)
- 「お~いただきたく存じます」(~해 주셨으면 합니다)

(2) 의뢰 내용 앞에 사용

- 「誠に厚(あつ)かましいお願いとは存じますが」(참으로 염치없는 부탁인 줄은 압니다만)
- 「このようなことを申し出ましてご迷惑と存じますが」(이와 같은 일을 말씀드려 폐가 될 줄 압니다만)
- 「身勝手(みがって)きわまる申し入れとは承知しておりますが」(방자하기 짝이 없는 제의인 줄은 알고 있습니다만)
- 「誠に申しかねますが」(참으로 말씀드리기 곤란하지만)
- 「誠に申しあげにくいことですが」(참으로 말씀드리기 어려운 일이지만)
- 「お願いするのは忍(しの)びないことですが」(부탁드리는 것은 염치 없는 일이지만)
- 「お手数をわずらわせますが」(수고를 끼쳐 드려 죄송합니다만)
- 「ご迷惑をおかけするのは心苦しいのですが」(폐를 끼치는 것은 마음이 괴롭지만)

(3) '미안함'을 나타내는 어구 앞에 사용

- 「ご迷惑も顧(かえり)みずのお願いで」(폐를 끼치는 것도 마다하지 않는 부탁으로)
- 「急なお願いで」(급한 부탁으로)
- 「不躾(ぶしつけ)なお願いで」(무례한 부탁으로)
- 「誠に勝手なお願いで」(참으로 제멋대로 부탁드려)
- 「心苦しいお願いで」(괴로운 부탁으로)
- 「唐突(とうとつ)なお願いで」(당돌한 부탁으로)

• 「突然(とつぜん)のお願いで」(갑작스런 부탁으로)

+

「申し訳ございませんが」(죄송하지만), 「恐縮ですが」(송구스럽지만, 죄송하지만), 「恐れ入りますが」(송구스럽지만, 죄송하지만)

[2] 의뢰 메일 실습

1) 견적서 송부 의뢰

(1) 메일 제목
  • 見積書送付のお願い(견적서 송부 의뢰)
  • 제목은 직설적인 「依頼」보다는 「お願い」를 많이 쓴다.

(2) 본문 의뢰 사항
  • **구입 검토 중임을 전함:** 다름이 아니오라 저희 회사에서는 귀사 제품 □□의 매입을 검토하고 있습니다.
  • **견적서 송부 의뢰:** 그리하여 아래의 조건으로 견적서를 작성하여 보내 주시길 부탁드리겠습니다. (조건: 품목, 수량 납품기한, 납품장소, 지불조건)
  • **견적서 회신 날짜:** 또한, 송구스럽지만 오는 5월 30일까지 회답을 주신다면 큰 도움이 될 것 같습니다.

(3) 본문 의뢰 사항을 일본어로 하면
  • 다름이 아니오라 저희 회사에서는 귀사 제품 □□의 매입을 검토하고 있습니다.
    ▶ さっそくですが、弊社では貴社製品□□の仕入れを検討しております。
  • 다름이 아니오라 ▶ さっそくですが
    매입 ▶ 仕入(しい)れ(판매나 제품화를 목적으로 상품이나 원재료를 사들임)
    검토 ▶ 検討(けんとう)
    ~하고 있습니다 ▶ ~しております(「しています」의 겸양어)
  • 그리하여 아래의 조건으로 견적서를 작성하여 보내 주시길 부탁드리겠습니다.
    ▶ つきましては、下記の条件にて見積書を作成いただき、お送りくださいます

ようお願い申し上げます。

- 그리하여 ▶ つきましては

  아래 ▶ 下記(かき)

  조건으로 ▶ 条件(じょうけん)にて

  견적서 ▶ 見積書(みつもりしょ)

  작성해 (주셔)서 ▶ 作成(して)いただき

  보내 주시기를 ▶ お送りくださいますよう

  부탁드립니다 ▶ お願い申し上げます

- '~해 주기를 바란다'라는 의미의 어구

  ▶ ~てください / お~ください / お~くださいますようお願いします / お~くだ
  さいますようお願い申し上げます / お~いただきたくお願い申し上げます

- 조건: 품목, 수량 납품기한, 납품장소, 지불조건

  ▶ 개조식으로 작성

    1. 品目　　　　　○○○

    2. 数量　　　　　○○○

    3. 納品期限　　　○○○○年○○月○○日

    4. 納品場所　　　弊社 大阪営業所

    5. 支払条件　　　翌月末銀行振込

- 또한, 송구스럽지만 오는 5월 30일까지 회답을 주신다면 큰 도움이 될 것 같습니다.

  ▶ なお、誠に勝手ではございますが、来る5月30日までにご回答をいただければ
  幸いです。

- 또한 ▶ なお

  송구스럽지만 ▶ 誠に勝手ではございますが (적당한 쿠션어 사용)

  오는 ▶ 来(きた)る

  ~까지 ▶ ~までに (기일 등 동작이 완료되는 상황에 사용) cf. ~まで (상태의 지속)

  회답을 주신다면 큰 도움이 될 것 같습니다 ▶ ご回答をいただければ幸いです

(4) 메일 예시

| 宛先： | □□□株式会社_□□□部長_□□□□様　; |
| 件名： | 見積書送付のお願い |

ファイルを添付　　**URLでシェア**

□□□　株式会社
□□□部長　□□□□様

いつもお世話になっております。
サイバー商事・営業部の□□□です。

さっそくですが、弊社では貴社製品□□□の仕入れを
検討しております。

つきましては、下記の条件にて見積書を作成いただき、
お送りくださいますようお願い申し上げます。

１．品目　　　○○○
２．数量　　　○○○
３．納品期限　○○○○年○○月○○日
４．納品場所　弊社　大阪営業所
５．支払条件　翌月末銀行振込

なお、誠に勝手ではございますが、
来る５月30日までにご回答をいただければ幸いです。

ご多用中恐れ入りますが、よろしくお願い申し上げます。

署名

02_문의 메일

학습내용

• 문의 메일 작성법

학습목표

• 문의 메일이 사용되는 상황 및 작성 시 주의점을 익힐 수 있다.
• 구체적인 예시를 통해 문의 메일 작성법을 익힐 수 있다.

[1] 문의 메일

1) 문의 메일

(1) 문의 메일(問合(といあ)わせメール)이란 무엇인가?

• 조회 메일(照会(しょうかい)メール)이라고도 한다.
• 거래 상의 의문점이나 불명확한 사항을 문의하는 메일.

(2) 문의 메일 작성 시 주의점

• 문의 사유를 제시함
• 구체적인 문의 사항을 명확히 기재한다. (의문점, 불명확한 점)
  − 주로 가격, 발매일, 기한, 재고 유무, 수량, 색상 등
  − 문의 사항은 문장 나열보다는 개조식으로 작성
• 회사 사정으로 답신 기한이 필요한 경우 이를 반드시 명기하여야 한다.
• 급한 용건일 경우에는 전화와 같이 사용한다.

(3) 문의 메일의 종류

注文内容の照会(주문 내용 조회)　　　商品に関する照会(상품에 관한 조회)

在庫(数量)の照会(재고 (수량) 조회)　　取引条件の照会(거래 조건 조회)

信用状況の照会(신용 상황 조회)

仕事の進捗上(しんちょくじょう)についての問合せ(업무 진척도에 관한 문의)

着荷品相違の照会(착하품 착오 조회)　　品違いの照会(물품 오배송 조회)

返品、代替品についての問合せ(반품, 대체품에 관한 문의)

2) 문의 메일의 예(거래 조건 문의)

(1) 메일 작성의 포인트

• 상대방 회사가 자료를 보내 주었을 경우 이에 대한 감사를 표시한다.

• 문의 사유 및 사항을 명확히 기재한다.

(2) 제목

• 「○○」のお取引について,「○○」の取引条件についてのご照会, 商品「○○」に関するご照会の件,「○○」の取引条件ご照会

(3) 메일 전체 내용

宛先：□□□□様 ；

件名：「○○」のお取引について

ファイルを添付　　URLでシェア

□□□　株式会社
販売部　□□□□様

いつもお世話になっております。
□□□商事・営業部の□□□です。

このたび「○○」に関するカタログをお送りいただき、
誠にありがとうございます。
さっそく社内で検討した結果、
ぜひ弊社でも取り扱わせていただきたいと存じます。

つきましては、下記のお取引条件についてご相談したく、
折り返しご回答くださいますようお願い申し上げます。

記
1　価格について
2　支払方法について
3　運送方法について
4　その他の取引条件について

メールにて大変恐縮ですが、
ご回答の程、よろしくお願い申し上げます。

まずは取り急ぎ、お知らせいたします。

署名

このたび「○○」に関するカタログをお送りいただき、誠にありがとうございます。(요전에 '○○'에 관한 카탈로그를 보내 주셔서 진심으로 감사드립니다.)

- 작성 포인트: 본문 서두에 상대방 회사가 자사의 상품 카탈로그를 보내 준 것에 대한 감사 인사를 한다.
- お送りいただき: 「お+(名・動マス形)+いただく」

さっそく社内で検討した結果、ぜひ弊社でも取り扱わせていただきたいと存じます。(즉시 사내에서 검토한 결과 저희 회사에서도 꼭 취급하고자 합니다.)

- 작성 포인트: 문의의 이유 및 경위(구입희망)를 작성한다.
- 取り扱わせていただきたい: 「取り扱う+させていただく+たい」

つきましては、下記のお取引条件についてご相談したく、折り返しご回答ください
ますようお願い申し上げます。(그리하여 다음의 거래 조건에 관해 의논하고자
하여 곧 바로 회답해 주시기를 부탁드리겠습니다.)

- 작성 포인트: 「つきましては」 이후에 상대방에게 전달하고자 하는 구체적인 내용인
  '거래 조건에 관한 문의'를 기술한다. 「折り返し」라는 표현으로 '가급적 빨리' 보내
  주기를 희망한다.
- 折(お)り返(かえ)し: 곧바로

記(별도기재)
1 価格について(가격에 대하여)
2 支払方法について(지불 방법에 대하여)
3 運送方法について(운송 방법에 대하여)
4 その他の取引条件について(기타 거래 조건에 대하여)

- 작성 포인트: 문의 사항을 개조식으로 작성한다. 별도기재에는 「記」를 쓰기도 한다.

メールにて大変恐縮ですが、ご回答の程、よろしくお願い申し上げます。(메일
로 보내 드려 매우 송구스럽지만 답장해 주실 것을 잘 부탁드리겠습니다.)

- 작성 포인트: 쿠션어를 사용하면서 답장을 부탁한다.

まずは取り急ぎ、お知らせいたします。 (우선은 급히 알려 드립니다.)

- 작성 포인트: 맺음말로 예전에는 「取り急ぎ○○まで」라는 어구를 사용하여 급히
  용건만 알림을 전달하였지만 최근에는 「まずは〜いたします/申し上げます」를 사
  용한다.

3) 문의 메일에 쓰이는 문구

(1) 조회, 문의

- 「お伺(うかが)いします」(여쭙겠습니다)
- 「ご照会(しょうかい)(します/いたします/申し上げます)」(조회하겠습니다)
- 「お問い合わせいたします」(문의하겠습니다)
- 「お尋ねいたします」(여쭙겠습니다)

- 「お教え願います」(가르쳐 주시기를 부탁드립니다)
- 「お教えいただきたく存じます」(가르쳐 주시기를 바랍니다)
- 「お聞かせ(願いたく/いただきたく)存じます」(들려주셨으면 합니다)
- 「~について改めて確認したい点がございますので」(~에 관해서 재차 확인하고 싶은 점이 있어서)
- 「~について今一度確認させていただきたく」(~에 관해서 지금 한번 확인하고자 하여)
- 「~について把握(はあく)したく」(~에 관해서 파악하고자 하여)
- 「いかが相成(あいな)っておりますでしょうか」(어떻게 되고 있는지요)
- 「どのようになっているのでしょうか」(어떻게 되고 있는 것인지요)

(2) 답장 부탁
- 「折(お)り返(かえ)しご返事をいただきたくお願い申しあげます」(즉각 답장해 주시기를 부탁드리겠습니다)
- 「ご回答いただければ幸いです」(회답해 주시면 감사드리겠습니다)
- 「ご回答いただければ誠にありがたい次第です」(회답해 주시면 진심으로 감사드릴 따름입니다)
- 「なにぶんのご返事をお待ちしております」(마땅한 답변을 기다리고 있습니다)
- 「ご一報(いっぽう)くださいますようお願い申しあげます」(간단히 알려주시기를 부탁드리겠습니다)
- 「(期日)までにご回答くださるようお願いいたします」((기일)까지 회답해 주시기를 부탁드리겠습니다)

[2] 문의 메일 실습

1) 물품 착오 조회
(1) 문의 사항
- **도착 상품 오배송 발견**: 그런데 오늘 도착한 귀사 상품에 대해 문의 드립니다. 저희

회사가 □월 □일에 주문서로 발주한 상품이 오늘 도착하였습니다. 즉시 검품하던 와중에 다음과 같이 물품 착오가 있는 것을 알게 되었습니다.

- **구체적인 사항**: 착하품: □□□□ □□□개
    주문품: □□□□□ □□개
- **오류 확인 후 재배송 요청**: 그리하여 바쁘신 와중에 죄송하지만 급히 주문내용을 확인해 주셔서 다시 납품 받을 수 있도록 부탁드리겠습니다.
- **맺음말**: 우선은 서둘러 문의 드립니다.

(2) 문의 사항을 일본어로 하면
- 그런데 오늘 도착한 귀사 상품에 대해 문의 드립니다.
    ▶ さて、本日到着しました貴社商品についてお尋ね申し上げます。
- 그런데 ▶ さて

    오늘 ▶ 本日

    도착 ▶ 到着(とうちゃく)

    문의 드립니다 ▶ お尋ね申し上げます
- 저희 회사가 □월 □일에 주문서로 발주한 상품이 오늘 도착하였습니다.
    ▶ 弊社□月□日付注文書にて発注の商品が本日到着いたしました。
- □월 □일에 ▶ □月□日付(づけ)

    주문서로 ▶ 注文書(ちゅうもんしょ)にて

    발주 ▶ 発注(はっちゅう)

    도착하였습니다 ▶ 到着いたしました
- 즉시 검품하던 중에 하기와 같이 물품 착오가 있는 것을 알게 되었습니다.
    ▶ さっそく検品いたしましたところ、下記のとおり品違いがあることが分かりました。
- 즉시 ▶ さっそく

    검품 ▶ 検品(けんぴん)

    물품 착오 ▶ 品違(しなちが)い
- 착하품: □□□□ □□□개 ▶ ■着荷品: □□□□ □□□個

    주문품: □□□□□ □□개 ▶ ■注文品: □□□□□ □□個
- 그리하여 바쁘신 와중에 죄송하지만 급히 주문내용을 확인해 주셔서 다시 납품 받

을 수 있도록 부탁드리겠습니다.

▶ つきましては、お忙しいところ恐縮ですが、至急、注文内容をご確認いただき、改めてお納めいただきますようよろしくお願い申し上げます。

- 바쁘신 와중에 죄송하지만 (적당한 쿠션어 사용) ▶ お忙しいところ恐縮ですが

  급히 ▶ 至急(しきゅう)

  다시 ▶ 改(あらた)めて

  확인 받다 ▶ ご確認(かくにん)いただく

  납품 받다 ▶ お納(おさ)めいただく

- 우선은 서둘러 문의 드립니다.

  ▶ まずは、取り急ぎご照会申し上げます。

(3) 메일 예시

宛先：	□□□□様;
件名：	品違いについてのご照会

ファイルを添付　　**URLでシェア**

□□□　株式会社
□□□部長　□□□□様

いつもお世話になっております。
□□□商事・営業部の□□□です。

さて、本日到着しました貴社商品についてお尋ね申し上げます。
弊社□月□日付注文書にて発注の商品が本日到着いたしました。
さっそく検品いたしましたところ、下記のとおり
品違いがあることが分かりました。

■着荷品：□□□□　□□□個
■注文品：□□□□□　□□個

つきましては、お忙しいところ恐縮ですが、
至急、注文内容をご確認いただき、
改めてお納めいただきますようよろしくお願い申し上げます。

まずは、取り急ぎご照会申し上げます。

署名

03_확인 메일

학습내용

• 확인 메일 작성법

학습목표

• 확인 메일이 사용되는 상황 및 작성 시 주의점을 익힐 수 있다.
• 구체적인 예시를 통해 확인 메일 작성법을 익힐 수 있다.

[1] 확인 메일

1) 확인 메일

(1) 확인 메일(確認(かくにん)メール)이란 무엇인가?

• 거래에서 확인사항을 문의하는 메일.
• 확인 메일을 통하여 오해나 착각을 미연에 방지할 수 있다.

(2) 확인 메일 작성 시 주의점

• 확인 내용을 구체적으로 작성한다.
• 상대방의 실수가 있을 경우에도 그 실수를 지적하는 것이 아니다.
• 미팅 등 사전에 협의된 일정이 있는 경우 2-3일 전에 확인 메일을 보낸다.

(3) 확인 메일의 종류

資料の確認(자료 확인)   送付の確認(송부 확인)

電話で話したことの確認(통화 내용 확인)　　入金の確認(입금 확인)

会議内容の確認(회의 내용 확인)

添付ファイルの確認(첨부파일 확인: 파일 누락, 파일이 열리지 않음 등)

未着メールの確認(미도착 메일 확인) アポイントの確認(약속 확인)

納期の確認(납기 확인)

2) 확인 메일의 예(입금 확인)

(1) 제목

• 入金確認について, 入金確認についての確認, ご入金確認のお知らせ

(2) 메일 전체 내용

宛先: ［ □□□□様 ； ］

件名: ［ 入金確認について ］

［ ファイルを添付 ］ ［ URLでシェア ］

□□□　株式会社
営業部 □□□□様

いつもお世話になっております。
□□□商事・営業部の□□□です。

□月□日付にてご請求いたしました
商品「□□□」の代金○○○○○円（消費税込）につきまして、
□月□日にお振り込みいただき、
ありがとうございました。

つきましては、本日領収書を郵送いたしましたので
ご査収くださいますようお願い申し上げます。

今後とも一層のお引き立てのほど
よろしくお願い申し上げます。

まずは、取り急ぎご通知かたがた
お礼申し上げます。

署名
----

(3) 메일 내용 확인

□月□日付にてご請求いたしました商品「□□□」の代金○○○○○円(消費税込)につきまして、□月□日にお振り込みいただき、ありがとうございました。

(□월 □일에 청구하였던 상품 '□□□'의 대금 ○○○○○엔(소비세 포함)에 대해서 □월 □일에 납입해 주셔서 감사드립니다.)

- 작성 포인트: 상대방 회사로부터의 대금 입금 확인.
- ~付(づけ): (날짜 뒤에) ~부
- 振(ふ)り込(こ)み: 이체, 납입

つきましては、本日領収書を郵送いたしましたのでご査収くださいますようお願い申し上げます。(그리하여 오늘 영수증을 우송하였사오니 잘 조사하여 받으시기를 부탁드리겠습니다.)

- 작성 포인트: 「つきましては」 이후에 상대방에게 전달하고자 하는 구체적인 내용인 '영수증 확인'을 요청한다.
- 領収書(りょうしゅうしょ): 영수증   (cf. レシート)
- 査収(さしゅう): 사수, 잘 조사하여 받음

今後とも一層のお引き立てのほどよろしくお願い申し上げます。(앞으로도 더욱 신경 써 주실 것을 잘 부탁드리겠습니다.)

- 작성 포인트: 앞으로도 우호적인 관계를 희망하는 내용을 기술한다.
- 今後(こんご)とも: 앞으로도
- 一層(いっそう): 한층 더

まずは、取り急ぎご通知かたがたお礼申し上げます。(우선 급히 통지 겸 감사 인사 드립니다.)

- 맺음말 작성 포인트: 예전에는 「取り急ぎ○○まで」 라는 어구를 사용하여 급히 용건만 알린다고 하였으나 최근에는 「まずは~いたします/申し上げます」를 사용한다.
- かたがた: 겸하여, 아울러

3) 확인 메일에 쓰이는 문구

(1) 확인

- 「ご確認をお願いします」(확인 부탁드리겠습니다)
- 「ご確認をお願いいただけますか」(확인을 부탁드릴 수 있겠습니까)

- 「確認したいことがあるのですが、よろしいでしょうか」(확인하고 싶은 일이 있는데 괜찮으시겠습니까)
- 「お目通(めとお)しいただけますか」(봐 주실 수 있겠습니까)
- 「ご一読(いちどく)いただけますか」(한번 읽어 주시겠습니까)
- 「既にご存知(かと/とは)思いますが」(이미 알고 계시리라 생각하지만)
- 「既にお聞き及(およ)びとは思いますが」(이미 들으셨다고는 생각하지만)
- 「ご査収(さしゅう)ください」(잘 조사해 받으십시오)
- 「〜という理解でよろしいですか」(〜라고 이해해도 괜찮으시겠습니까)
- 「気になる点がございましたら、お申し付けください」(신경쓰이는 점이 있으시다면 말씀해 주십시오)

[2] 확인 메일 실습

1) 메일 수신 확인

(1) 확인 사항

- **메일 수신 확인**: □월 □일에 □□에 관한 견적을 부탁하는 취지의 메일을 보내 드렸는데 받으셨는지요?
- **받은 메일이 없으면 다시 보내 준다는 의사표시**: 만일 아직 받지 못하셨다면 번거로우시겠지만 간단히 알려 주십시요. 다시 보내 드리겠습니다. 수고를 끼쳐드려 죄송하지만 알려 주시면 감사드리겠습니다.
- **회답 부탁**: 바쁘신 와중에 매우 죄송하지만 회답해 주시길 부탁드리겠습니다.

(2) 확인 사항을 일본어로 하면

- □월 □일에 □□에 관한 견적을 부탁하는 취지의 메일을 보내 드렸는데 받으셨는지요?
  - ▶ □月□日に、□□に関するお見積りをお願いする旨のメールをお送りしたのですが、届いておりますでしょうか。
- 견적을 부탁하다 ▶ お見積りをお願いする

취지 ▶ 旨(むね)

(메일을) 받다 ▶ (メールが)届(とど)いている

- 만일 아직 받지 못하셨다면 번거로우시겠지만 간단히 알려 주십시요. 다시 보내 드리겠습니다. 수고를 끼쳐드려 죄송하지만 알려 주시면 감사드리겠습니다.

  ▶ もし、まだ届いていないようでしたら、お手数ですがご一報ください。再送させていただきます。お手数をかけて恐縮ですが、お知らせいただけると幸いです。

- 받지 못하셨다면 ▶ 届いていないようでしたら

  간단히 알려 주다 ▶ 一報(いっぽう)

  다시 보냄 ▶ 再送(さいそう)

  알려 주시면 ▶「お知らせいただく」사용

- 바쁘신 와중에 매우 죄송하지만 회답해 주시길 부탁드리겠습니다.

  ▶ お忙しいところ、大変恐縮ですが、ご回答のほど、よろしくお願いいたします。

(3) 메일 예시

宛先： □□□□様 ；

件名： □月□日にお送りしたメールについて

ファイルを添付　URLでシェア

□□□　株式会社
営業部 □□□□様

いつもお世話になっております。
□□□商事・営業部の□□□です。

□月□日に、□□に関するお見積りを
お願いする旨のメールをお送りしたのですが、
届いておりますでしょうか。

もし、まだ届いていないようでしたら、
お手数ですがご一報ください。
再送させていただきます。
お手数をかけて恐縮ですが、
お知らせいただけると幸いです。

お忙しいところ、大変恐縮ですが、
ご回答のほど、よろしくお願いいたします。

署名

04_학습정리

1) 의뢰 메일

- 자사 업무에 관한 것을 거래처 회사나 개인에게 부탁하는 메일(기존 업체 의뢰, 신규 업체 의뢰)
- 일반적인 메일보다 성의를 가지고 정중하게 부탁함
- 구체적인 의뢰내용은 개조식으로 작성
- 의뢰 메일의 종류

  見積もりのお願い, 資料提供のお願い, カタログ送付のお願い, 納期延期のお願い, 新規取引のお願い, 取引先紹介のお願い, 展示会出展のお願い, アンケート調査のお願い
- 의뢰 메일에 쓰이는 문구

  「~いただけますか」「願えませんでしょうか」「(切(せつ)に/伏(ふ)して)お願い申し上げます」「お願いできればと存じます」「ご依頼申し上げます」「懇願(こんがん)申し上げます」「お~いただきたく存じます」

  「誠に厚(あつ)かましいお願いとは存じますが」「このようなことを申し出ましてご迷惑と存じますが」「身勝手(みがって)きわまる申し入れとは承知しておりますが」「誠に申しかねますが」「誠に申しあげにくいことですが」「お願いするのは忍(しの)びないことですが」「お手数をわずらわせますが」「ご迷惑をおかけするのは心苦しいのですが」

  「ご迷惑も顧(かえり)みずのお願いで」「急なお願いで」「不躾(ぶしつけ)なお願いで」「誠に勝手なお願いで」「心苦しいお願いで」「唐突(とうとつ)なお願いで」「突然(とつぜん)のお願いで」

  +

  「申し訳ございませんが」「恐縮ですが」「恐れ入りますが」

2) 문의 메일(= 조회 메일)

- 거래 상의 의문점이나 불명확한 사항을 문의하는 메일
- 문의 사유를 제시하고 문의 사항은 개조식으로
- 문의 메일의 종류

  注文内容の照会, 商品に関する照会, 在庫(数量)の照会, 取引条件の照会, 信用状況の照会, 仕事の進捗上についての問合せ, 着荷品相違の照会, 品違いの照会返品、代替品についての問合せ

- 문의 메일에 쓰이는 문구

  「お伺(うかが)いします」「ご照会(しょうかい)(します/いたします/申し上げます)」「お問い合わせいたします」「お尋ねいたします」「お教え願います」「お教えいただきたく存じます」「お聞かせ(願いたく/いただきたく)存じます」「~について改めて確認したい点がございますので」「~について今一度確認させていただきたく」「~について把握(はあく)したく」「いかが相成(あいな)っておりますでしょうか」「どのようになっているのでしょうか」

  「折(お)り返(かえ)しご返事をいただきたくお願い申しあげます」「ご回答いただければ幸いです」「ご回答いただければ誠にありがたい次第です」「なにぶんのご返事をお待ちしております」「ご一報(いっぽう)くださいますようお願い申しあげます」「(期日)までにご回答くださるようお願いいたします」

3) 확인 메일

- 거래에서 확인 사항을 문의하는 메일
- 오해나 착각을 미연에 방지할 수 있음
- 확인 메일의 종류

  資料の確認, 送付の確認, 電話で話したことの確認, 入金の確認, 会議内容の確認, 添付ファイルの確認(ファイル누락, ファイルが開かない等), 未着メールの確認, アポイントの確認納期の確認

- 확인 메일에 쓰이는 문구

  「ご確認をお願いします」「ご確認をお願いいただけますか」「確認したいことがあるのですが、よろしいでしょうか」「お目通(めとお)しいただけますか」「ご一読

(いちどく)いただけますか」「既にご存知(かと/とは)思いますが」「既にお聞き及(およ)びとは思いますが」「ご査収(さしゅう)ください」「〜という理解でよろしいですか」「気になる点がございましたら、お申し付けください」

05_실전 문제

Q 다음 내용을 보고 메일 제목과 본문을 써 봅시다.

> 수신인: 株式会社□□ 黒田様 (한동안 거래가 없었던 거래처)
>
> 발신인: 株式会社□□□ □□□(자신의 이름)
>
> 목적: 신제품 「□□」(신문광고를 통하여 알게 됨)의 카탈로그 배송 요청

宛先:

件名:

ファイル添附 　 URLでシェア

- カタログ　카달로그
- 送付　송부
- 大変ご無沙汰しております
  그동안 격조하였습니다
- 新聞記事　신문기사
- ～にて　～로
- 貴社　귀사
- 新製品　신제품
- 拝見いたしました　보았습니다(겸양어)

- 詳細　상세한 내용
- ぜひ　꼭
- 教えていただきたく存じます
  가르쳐 주셨으면 합니다
- ご送付いただきますようお願い申し上げます
  송부해 주시기를 부탁드립니다
- お忙しい中、お手数をおかけいたしますが
  바쁘신 와중에 번거롭게 해드리지만

승낙·거절·회답 메일

01_승낙 메일

학습내용

• 승낙 메일 작성법

학습목표

• 승낙 메일이 사용되는 상황 및 작성 시 주의점을 익힐 수 있다.
• 구체적인 예시를 통해 승낙 메일 작성법을 익힐 수 있다.

[1] 승낙 메일

1) 승낙 메일

(1) 승낙 메일(承諾(しょうだく)メール)이란 무엇인가?

• 의뢰나 신청, 주문 등에 대하여 수락 의사를 전하는 메일.

(2) 승낙 메일 작성 시 주의점

• 신규 거래의 경우 거래가 시작되는 단계이기 때문에 최대한 정중하게 작성한다.
• 승낙 후 추가로 실무 차원의 논의(신규 개설)나 자기 회사의 최소한의 입장(납기 지연) 등에 관하여 작성한다.

(3) 승낙 메일의 종류

新規取引の承諾(신규 거래 승낙)　　注文の承諾(주문 승낙)

注文変更の承諾(주문 변경 승낙)　　価格値上げの承諾(가격 인상 승낙)

支払い期日の変更の承諾(지불 기일 변경 승락)

納期延期の承諾(납기 연기 승낙)

取引条件の変更の承諾(거래 조건 변경 승낙)

2) 승낙 메일의 예(신규 거래 승낙)

(1) 메일 작성의 흐름 및 포인트

- 처음 신청에 대한 고마움을 나타낸다.
- 승낙의 의사를 확실하게 전달한다.
- 구체적인 실무를 위한 방문 의사를 전한다.

(2) 제목

新規取引のご承諾, 新規お取引承諾の件, 新規取引について, 新規取引依頼の件

(3) 메일 전체 내용

宛先 : [□□□様 ;]

件名 : [新規お取引のご承諾]

[ファイルを添付]　[URLでシェア]

株式会社□□□商事
営業部　　□□□様

貴社ますますご隆盛のこととお喜び申し上げます。
□□□株式会社、販売促進部の□□□□と申します。

このたびは、新規取引のお申し込みをいただき、
誠にありがとうございます 。

さっそく検討いたしました結果、お取引きのお申し入れ、
ありがたくご承諾申し上げます。
これを機に、末永くお引き立て賜りますようお願い申し上げます。

なお、貴社よりご提示いただいたお取引条件に関しましては、
近日中に改めてご挨拶に伺いますので
その際に、ご相談させていただければと思っております。

メールにて恐縮ですが、まずはお申し入れの件、
承諾の由、ご報告申し上げます。

署名
----

(4) 메일 본문 내용 확인

このたびは、新規取引のお申し込みをいただき、誠にありがとうございます。
(이번에 신규거래를 신청해 주셔서 대단히 감사드립니다.)

- 작성 포인트: 신규 거래 신청에 대한 감사 인사를 한다.
- 감사 표현
  - 誠にありがとうございました
  - 心より感謝申し上げます
  - 厚くお礼申し上げます
  - 深謝(しんしゃ)いたしております

さっそく検討いたしました結果、お取引きのお申し入れ、ありがたくご承諾申し上げます。(곧바로 검토한 결과 거래 제안을 감사히 수락하겠습니다.)

- 작성 포인트: 거래 제안을 수락하는 승낙의 말을 한다.
- 申し入れ: 신청, 의사 표시
- ご承諾(しょうだく)申し上げます:「承諾する」의 겸양어

これを機に、末永くお引き立て賜りますようお願い申し上げます。(이것을 계기로 오래도록 성원 해 주시기를 부탁드리겠습니다.)

- 작성 포인트: 승낙과 더불어 지속적인 관계 희망
- 末永(すえなが)く:「これからもずっと」오래도록
- 引き立て: 보살펴 줌
- 賜(たまわ)る: 받다, 내려 주시다

なお、貴社よりご提示いただいたお取引条件に関しましては、近日中に改めてご挨拶に伺いますのでその際に、ご相談させていただければと思っております。
(또한 귀사로부터 제시 받은 거래조건에 관해서는 조만간 별도로 인사 드리러 찾아뵙겠사오니 그때 의논하고자 합니다.)

- 작성 포인트: 추가로 구체적인 실무를 위한 면담을 요청한다.
- 近日中(きんじつちゅう): 근일 중
- ～に伺う:「동적 명사＋に(～하러)＋이동 동사」

メールにて恐縮ですが、まずはお申し入れの件、承諾の由、ご報告申し上げます。(메일로 연락 드려 송구스럽지만 우선은 의뢰하신 건 승낙하였음을 보고드립니다.)

- 맺음말 작성 포인트: 비즈니스 매너 상 신규 거래 승낙 의사를 메일로 보낸 것에 대한 사과와 한번 더 승낙함을 전한다.
- 由(よし): 말한 내용, 취지(「旨(むね)」)

3) 승낙 메일에 쓰이는 문구

(1) 이해

「~の件、承知(しょうち)いたしました」(~건 승낙하겠습니다)

「~の件、承諾(しょうだく)いたしました」(~건 승낙하겠습니다)

「~の件、了承(りょうしょう)しました」(~건 승낙하겠습니다)

「~の件、了解(りょうかい)いたしました」(~건 승낙하겠습니다)

「~の件、わかりました」(~건 잘 알겠습니다)

「~の件、かしこまりました」(~건 잘 알겠습니다)

(2) 승낙

「お引き受けいたします」(맡겠습니다)

「お受けすることにいたします」(수락하도록 하겠습니다)

「受諾(じゅだく)いたしました」(수락하겠습니다)

「喜んで~させていただきます」(기쁘게 ~하도록 하겠습니다)

「ご期待に添(そ)うことができれば幸いです」(기대에 부흥할 수 있으면 좋겠습니다)

「お役に立てれば幸いです」(도움이 되었으면 좋겠습니다)

「微力(びりょく)ながら精一杯がんばりたいと思います」(미력하지만 열심히 하겠습니다)

「お力になれれば幸いと存じます」(힘이 될 수 있다면 좋겠습니다)

[2] 승낙 메일 실습

1) 납기 연기 승낙

(1) 메일 제목

- 「○○」の納期延期について ('○○'의 납기 연기에 대하여)

(2) 본문 승낙 사항

- **회사 사정으로 납기가 연기됨을 승낙**: 그런데 □월 □일 메일로 연락 받은 '○○'의 납기 연기 건입니다만 부득이한 사정이 있었다는 것 알겠습니다.
- **납입처에도 연락하여 양해 얻음**: 곧바로 저희 회사의 납입처에도 연락을 취하여 양해를 얻을 수 있었습니다.
- **회사 입장에서 연기된 기한 엄수 부탁**: 다만 이 이상 연기가 되면 저희 회사 업무에도 지장을 초래하므로 □월 □일 기한을 엄수해 주실 것을 부탁드리겠습니다.
- **맺음말**: 우선은 서둘러 답장을 보내 드립니다.

(3) 본문 승낙 사항을 일본어로 하면

- 그런데 □월 □일 메일로 연락 받은 '○○'의 납기 연기 건입니다만 부득이한 사정이 있었다는 것 알겠습니다.
  - ▶ さて、□月□日付メールにてご連絡いただきました「○○」の納期延期の件ですが、やむを得ないご事情とのことでご了承いたしました。
- 메일로 ▶ メールにて

  연락 받은 ▶ ご連絡いただきました

  납기연기 건 ▶ 納期延期(のうきえんき)の件(けん)

  부득이한 사정 ▶ やむを得えないご事情
- 곧바로 저희 회사의 납입처에도 연락을 하여 양해를 얻을 수 있었습니다.
  - ▶ さっそく、弊社からの納入先にも連絡をとりまして、了解を得ることができました。
- 납입처 ▶ 納入先(のうにゅうさき)

  양해를 얻다 ▶ 了解(りょうかい)を得る

- 다만 이 이상 연기가 되면 저희 회사 업무에도 지장을 초래하므로 □월 □일 기한을 엄수해 주실 것을 부탁드리겠습니다.

  ▶ ただし、これ以上の延期となりますと、弊社業務にも支障をきたしますので、
  　□月□日の期限を厳守していただけますよう、よろしくお願いいたします。

- 다만 ▶ ただし

  업무 ▶ 業務(ぎょうむ)

  지장을 초래하다 ▶ 支障(ししょう)をきたす

  엄수 ▶ 厳守(げんしゅ)

- 우선은 서둘러 답장을 보내 드립니다. ▶ まずは取り急ぎ、ご返事まで。

宛先： □□□□様 ；

件名： 「〇〇」の納期延期について

[ファイルを添付]　[URLでシェア]

□□□　株式会社
営業部　□□□□様

いつもお世話になっております。
□□□商事・営業部の□□□です。

さて、□月□日付メールにてご連絡いただきました
「〇〇」の納期延期の件ですが、
やむを得ないご事情とのことでご了承いたしました。

さっそく、弊社からの納入先にも連絡をとりまして、
了解を得ることができました。

ただし、これ以上の延期となりますと、
弊社業務にも支障をきたしますので、
□月□日の期限を厳守していただけますよう、
よろしくお願いいたします。

まずは取り急ぎ、ご返事まで。

署名

02_거절 메일

학습내용

• 거절 메일 작성법

학습목표

• 거절 메일이 사용되는 상황 및 작성 시 주의점을 익힐 수 있다.
• 구체적인 예시를 통해 거절 메일 작성법을 익힐 수 있다.

[1] 거절 메일

1) 거절 메일

(1) 거절 메일(断(ことわ)りのメール)이란 무엇인가?

　• 상대의 의뢰나 요구에 응할 수 없음을 전하는 메일.

(2) 거절 메일 작성 시 주의점

　• 상대방의 체면을 고려해서 정중하게 작성한다.

　• 거절의 이유는 명확해야 하며 상대방이 납득할 수 있는 것이어야 한다.

　• 대안이 있으면 제시한다.

　• 거절 이후에도 서로의 관계가 지속할 것을 염두에 두고 작성해야 한다.

(3) 거절 메일의 종류

　(急ぎの)注文への断り((긴급) 주문 거절)　注文取り消しへの断り(주문 취소 거절)

見積もりに対する断り(견적 거절)　　　　値引きに対する断り(가격 인하 거절)

納期延期に対する断り(납기 연기에 대한 거절)

支払延期に対する断り(지불 연기 거절)　　　提案の断り(제안 거절)

資料送付の断り(자료 송부 거절)　　　　新規取引依頼への断り(신규 거래 의뢰 거절)

2) 거절 메일의 예(주문 거절)

(1) 메일 내용 흐름

- 주문에 대한 감사.

- 거절과 거절의 명확한 이유.

- 죄송한 마음과 양해를 부탁.

(2) 제목

「□□」のご注文について – 제목에 「断り」같은 단어는 사용하지 않는다.

(3) 메일 전체 내용

宛先：　□□□□様 ；

件名：　「□□」のご注文について

ファイルを添付　　URLでシェア

□□□　株式会社
営業部 □□□□様

いつもお世話になっております。
□□□商事・営業部の□□□です。

このたびは、弊社製品「□□」のご注文をいただきまして、
誠にありがとうございます。

さっそく社内で検討いたしましたが、不本意ながら
今回のご注文はお受けすることができません。

現在、当製品は予想以上の売れ行きが続き、
生産が追いついておらず、ご希望の納期に
間に合わせることは難しいと判断いたしました。

ご期待に添えず大変申し訳ございませんが
何卒、事情ご賢察の上、ご了承くださいますよう
お願い申し上げます。

まずは、お詫びかたがたご連絡まで。

署名
----

(4) 메일 본문 내용 확인

このたびは、弊社製品「□□」のご注文をいただきまして、誠にありがとうございます。(이번에 저희 회사 제품 '□□'의 주문을 해 주셔서 진심으로 감사드립니다.)

- 작성 포인트: 주문에 대한 감사를 전한다.

さっそく社内で検討いたしましたが、不本意ながら今回のご注文はお受けすることができません。(곧바로 사내에서 검토하였지만 어쩔 수 없지만 이번 주문을 받을 수 없습니다.)

- 작성 포인트: 거절 의사를 명확히 밝힌다.
- 不本意(ふほんい)ながら: 본의가 아니지만(어쩔 수 없지만). 거절문구 앞에 쓰이는 표현.
- お受けすることができません: 거절 문구

現在、当製品は予想以上の売れ行きが続き、生産が追いついておらず、ご希望の納期に間に合わせることは難しいと判断いたしました。(현재 저희 제품은 예상 이상의 판매량에 생산이 따라가지 못하여, 희망하시는 납기에 맞추기는 어려울 것으로 판단됩니다.)

- 작성 포인트: 납득 가능한 거절의 명확한 이유를 기입한다.
- 売(う)れ行(ゆ)き: 판매 추이
- 追いついておらず: 「追いついていなくて」
- 間に合わせる: 제때에 맞추다

ご期待に添えず大変申し訳ございませんが何卒、事情ご賢察の上、ご了承くださいますようお願い申し上げます。(기대에 부응하지 못하여 대단히 송구스럽지만 아무쪼록 사정을 헤아려 주시고 양해를 부탁드리는 바입니다.)

- 작성 포인트: 앞으로의 관계를 위해서 거절에 대한 죄송함 및 양해를 부탁하는 내용을 작성한다.
- ご期待に添(そ)えず: 기대에 부흥하지 못하여
- 賢察(けんさつ): 사정 등을 살핌(존경어)
- ご了承くださいますようお願い申し上げます: 이해, 양해를 부탁하는 표현

まずは、お詫びかたがたご連絡まで。(우선은 사과 겸 연락부터 드리겠습니다.)

3) 거절 메일에 쓰이는 문구

(1) 거절

- 「お断り申しあげます」(거절하도록 하겠습니다)
- 「お受けいたしかねます」(수락이 어렵습니다)
- 「(お)引き受けかねます」(수락이 어렵습니다)
- 「お受けすることはできません」(수락할 수 없습니다)
- 「お断りせざるを得(え)ない状況です」(거절할 수밖에 없는 상황입니다)
- 「ご要望(ようぼう)には添(そ)いかねます」(요청하신 것에 응하기 어렵습니다)
- 「ご遠慮(えんりょ)申し上げます」(사양하겠습니다)
- 「ご勘弁(かんべん)いただきたく思います」(양해해 주셨으면 합니다)
- 「謹(つつし)んでご辞退(じたい)させていただきたく思います」(삼가 거절하고자 합니다)

(2) 거절 앞에 쓰이는 문구

- 「誠に不本意ながら」(참으로 본의가 아니지만)
- 「誠に残念ではございますが」(참으로 유감이지만)
- 「残念ながら」(유감이지만)
- 「申し訳ございませんが」(죄송하지만)
- 「せっかくのお申し出ですが」(모처럼의 제의이지만)
- 「ありがたいお申し越しですが」(고마운 말씀이지만)
- 「せっかくのお申し出ですが」(모처럼 말씀해 주셨지만)
- 「結論から申し上げますと」(결론부터 말씀드리자면)
- 「検討させていただいた結果」(검토한 결과)

(3) 사과 말 앞(+「申し訳ございません」)

- 「お力になれなくて」(힘이 되어드리지 못해서)
- 「お役に立てなくて」(도움이 되지 못해서)
- 「ご協力できなくて」(협력할 수 없어서)

[2] 거절 메일 실습

1) 신규 거래 신청 거절

(1) 메일 제목

- 新規取引のお申し入れについて (신규 거래 신청에 관하여)

(2) 거절 사항

- **신규 거래 신청에 대한 감사**: 요번에 저희 회사와의 신규 거래 신청을 해 주셔서 진심으로 감사드리며 영광으로 생각합니다.
- **거절함**: 저희 회사에 있어서는 대단히 감사한 이야기이지만 정말로 어쩔 수 없지만 사양하겠습니다.
- **거절하는 사정이나 이유**: 저희 회사는 현재 판매 경로의 재고를 도모하고 판매 부문에 대해서는 축소라는 방향으로 나아가고 있습니다. 그러한 사정으로 현단계에서의 신규 거래는 매우 어려운 상황입니다.
- **죄송함을 표하고 양해를 부탁**: 모처럼 신청해 주신 것에 부흥해 드리지 못하여 진심으로 죄송스러울 따름이지만 아무쪼록 언짢게 여기지 마시고 양해해 주시기를 부탁드리겠습니다.
- **맺음말**: 우선은 서둘러 안내 드립니다.

(3) 거절 사항을 일본어로 하면

- 요번에 저희 회사와의 신규 거래 신청을 해 주셔서 진심으로 감사드리며 영광으로 생각합니다.
    - ▶ この度は、弊社との新規取引のお申し出をいただきまして、誠にありがたく、光栄に存じます。
- 신규 거래 신청 ▶ 新規取引のお申し出
    영광으로 생각합니다 ▶ 光栄(こうえい)に存じます
- 저희 회사에 있어서는 대단히 감사한 이야기이지만 정말로 어쩔 수 없지만 사양하겠습니다.
    - ▶ 弊社にとりましては、大変ありがたいお話なのですが、誠に不本意ながらご

辞退させていただきます。

- ~에 있어서는 ▶ ~にとりまして(「にとって」의 정중표현)

　대단히 ▶ 非常(ひじょう)に

　어쩔 수 없지만 ▶ 不本意(ふほんい)ながら(거절할 때 불가피하다는 의미로 많이 사용)

　사양하겠습니다 ▶ ご辞退させていただきます

　cf.「ご辞退いたします」는 직설적임. 더 정중한 표현은「ご辞退させていただきた
　　く存じます」

- 저희 회사는 현재 판매 경로의 재고를 도모하고 판매 부문에 대해서는 축소라는 방향으로 나아가고 있습니다. 그러한 사정으로 현 단계에서의 신규 거래는 매우 어려운 상황입니다.

　　▶ 弊社では現在、販売経路の見直しを図っておりまして、販売部門につきましては縮小という方向へ向かっております。そのような事情で、現段階での新規取引は非常に難しいのが現状です。

- 판매 경로 ▶ 販売経路(はんばいけいろ)

　재고 ▶ 見直(みなお)し

　부문 ▶ 部門(ぶもん)

　축소 ▶ 縮小(しゅくしょう)

　방향으로 나아가다 ▶ 方向に向かう

　(현재의) 상황 ▶ 現状(げんじょう)

- 모처럼 신청해 주신 것에 부흥해 드리지 못하여 진심으로 죄송스러울 따름이지만 아무쪼록 언짢게 여기지 마시고 양해해 주시기를 부탁드리겠습니다.

　　▶ せっかくのお申し出にお応えすることができず、誠に心苦しいかぎりですが、何とぞあしからず、ご了承のほどお願いいたします。

- 모처럼의 ~ ▶ せっかくの~

- (기대에) 부흥해 드리지 못하다 ▶ ~にお応えすることができない

- 언짢게 여기지 마시고 ▶ あしからず

- 양해해 주시기를 부탁드리겠습니다 ▶ ご了承のほどお願いいたします

- 우선은 서둘러 안내 드립니다. ▶ まずは、取り急ぎお知らせ申し上げます。

(4) 메일 예시

宛先： | □□□□様 ；

件名： | 新規取引のお申し入れについて

ファイルを添付　**URLでシェア**

□□□　株式会社
営業部　□□□□様

貴社ますますご清栄のこととお喜び申し上げます。
□□□商事・営業部の□□□です。

この度は、弊社との新規取引のお申し出をいただきまして、
誠にありがたく、光栄に存じます。

弊社にとりましては、大変ありがたいお話なのですが、
誠に不本意ながらご辞退させていただきます。

弊社では現在、販売経路の見直しを図っておりまして、
販売部門につきましては縮小という方向へ向かっております。
そのような事情で、現段階での新規取引は
非常に難しいのが現状です。

せっかくのお申し出にお応えすることができず、
誠に心苦しいかぎりですが、
何とぞあしからず、ご了承のほどお願いいたします。

まずは、取り急ぎお知らせ申し上げます。

署名

03_회답 메일

• 회답 메일 작성법

• 회답 메일이 사용되는 상황 및 작성 시 주의점을 익힐 수 있다.
• 구체적인 예시를 통해 회답 메일 작성법을 익힐 수 있다.

[1] 회답 메일

1) 회답 메일

(1) 회답 메일(回答(かいとう)メール)이란 무엇인가?

• 상대방의 문의 또는 의뢰에 대한 답신을 하는 메일.

• 승낙・거절・사과 메일보다는 설명이 주가 된다.

(2) 회답 메일 작성 시 주의점

• 상대방의 문의 사항에 맞게 답을 해야 한다.

• 구체적인 답변 사항은 문장 나열보다는 개조식으로 작성한다.

• 단순한 답변에 머무르는 것이 아니라 상품 주문 등 이후의 과정으로 진행될 수 있도록 유도한다.

(3) 회답 메일의 종류

在庫状況についての回答(재고 상황에 대한 회답)

製品に関する照会への回答(제품에 관한 조회 회답)

取引先の質問への回答(거래처 질문에 대한 회답)

見積もりの回答(견적에 대한 회답)

商品未着に関する回答(상품 미도착에 관한 회답)

納入品不足についての回答(납입품 부족에 관한 회답)

商品遅延に関する回答(とお詫び)(상품 지연에 관한 회답 (및 사과))

2) 회답 메일의 예(거래 조건 문의 회답)

(1) 메일 작성의 흐름

- 거래 조건을 문의해 준 것에 대한 감사를 표시한다.
- 문의 사항에 대한 회답을 작성한다. 구체적인 사항은 별도 기재로 문의 순서대로 기재한다.
- 검토 후에 주문을 부탁한다.

(2) 제목

- 「○○」のご照会について, 「○○」の取引条件についてのご照会, 商品「○○」に関するご照会の件, 「○○」の取引条件

(3) 메일 전체 내용

```
宛先 :  □□□□様 ；

件名 :  「○○」のご照会について

  ファイルを添付   URLでシェア

□□□  株式会社
□□□部  □□□様

いつも大変お世話になっております。

□□□  株式会社・□□□部長の□□□□です。

この度は弊社の「○○」についてお問い合わせをいただき、
誠にありがとうございます。

早速ですが、お取引条件について、下記の通りご回答申し上げます。

１  １個あたりの価格：○○○○円
２  支払方法：毎月２０日締め切り、翌月１０日決算
３  発送方法：○○運輸にて。費用は弊社負担
４  最小ロット数：○○個

何とぞご検討の上、ご用命いただきますよう、
お願い申し上げます。

--------------------------------------------
署名
--------------------------------------------
```

(4) 메일 본문 내용 확인

この度は弊社の「○○」についてお問い合わせをいただき、誠にありがとうございます。(요전에 저희 회사의 '○○'에 관해 문의해 주셔서 진심으로 감사드립니다.)
- 작성 포인트: 상대방 회사가 자사의 상품에 대해 문의해 준 것에 대한 감사 인사를 한다.

早速ですが、お取引条件について、下記の通りご回答申し上げます。(본론으로 들어가서 거래 조건에 관해 다음과 같이 답신 드립니다.)
- 작성 포인트: 문의한 내용(거래 조건)에 대해 회답함을 작성한다.

1 1個あたりの価格: ○○○○円(1개 당 가격)
2 支払方法: 毎月20日締め切り、翌月10日決算 (지불방법: 매월 20일 마감, 다음 달 10일 결산)
3 発送方法: ○○運輸にて。費用は弊社負担 (발송방법: ○○운수로. 비용은 폐사 부담)
4 最小ロット数: ○○個(최소 수량)
- 작성 포인트: 문의 사항에 대한 구체적인 회답 내용을 개조식으로 작성한다. 문의 내용의 순서에 맞게 작성한다.
- 最小ロット数: 최소 수량.「最低ロット数」

何とぞご検討の上、ご用命いただきますよう、お願い申し上げます。(아무쪼록 검토하시고 주문해 주시기를 부탁드립니다.)
- 맺음말 작성 포인트: 검토 후에 주문을 부탁한다.
- 用命(ようめい): 주문, 분부

3) 회답 메일에 쓰이는 문구

(1) 답신 드립니다
- 「～について回答します」(～에 관해 답신합니다)
- 「～の件につきお答えします」(～건에 관해 답변합니다)
- 「～につきまして、ご回答申し上げます」(～에 관해서 회답드립니다)
- 「ご返答(へんとう)申し上げます」(답변드립니다)

- 「改めてご返事いたします」(다시 한번 회답하겠습니다)
- 「お問い合わせの件につきましては、以下の通りです」(문의하신 건에 관해서는 다음과 같습니다)
- 「～の件、メールにてご連絡させていただきます」(～건 메일로 연락드립니다)

(2) 설명해 드립니다
- 「～の件について、説明いたします」(～건에 관해 설명해 드리겠습니다)
- 「～につき、ご説明申し上げます」(～에 관해 설명해 드리겠습니다)
- 「～につきまして、事情をご説明させていただきます」(～에 관해 사정을 설명해 드리겠습니다)
- 「～につきまして、改めてご説明申し上げます」(～에 관해 다시 한번 설명해 드리겠습니다)

(3) 상황 보고
- 「～となっております」(~이 되어 있습니다)
- 「～という次第です」(~인 상황입니다)
- 「～と判明(はんめい)いたしました」(~라고 판명되었습니다)
- 「～によるものです」(~에 의한 것입니다)
- 「～が生じました」(~가 발생하였습니다)
- 「～に至(い)たった次第です」(~하게 된 상황입니다)

[2] 회답 메일 실습

1) 재고 상황 회답
(1) 메일 제목
- 「○○」の在庫について ('○○(상품명)' 재고에 관하여)

(2) 회답 사항
- **상품 재고 상황 문의에 감사**: 이번에 다음 상품 재고에 관해 문의해 주셔서 진심으로

감사드립니다.

- **재고 상황 문의 답변**: 곧바로 재고를 조사한 결과 귀사의 의뢰대로 다음과 같이 수량, 납기 모두 수배 가능합니다. (별도 기재: 상품명, 수량, 납기)
- **검토 후 주문 부탁**: 잘 검토해 주셔서 주문해 주시기를 부탁드리겠습니다.
- **맺음말**: 우선은 서둘러 재고 상황에 관해 답변 드립니다.

(3) 회답 사항을 일본어로 하면

- 이번에 다음 상품 재고에 관해 문의해 주셔서 진심으로 감사드립니다.
  - ▶ このたびは、下記商品の在庫についてお問い合わせいただき、誠にありがとうございます。
- 곧바로 재고를 조사한 결과 귀사의 의뢰대로 다음과 같이 수량, 납기 모두 수배 가능합니다.
  - ▶ さっそく在庫を調べたところ、貴社のご依頼どおり下記の数量、納期とも手配可能です。
- 조사한 결과(조사했더니) ▶ 調べたところ

  수배 ▶ 手配(てはい)
- 상품명: ○○

  수량: ○○ 개

  납기: □ 월 □일 (□요일)
  - ▶ 1 商品名: ○○

    2 数量: ○○個

    3 納期: □月□日(□曜)
- 잘 검토해 주셔서 주문해 주시기를 부탁드리겠습니다.
  - ▶ よろしくご検討いただき、ご注文いただけますようお願いいたします。
- 우선은 서둘러 재고 상황에 관해 답변 드립니다.
  - ▶ まずは、取り急ぎ在庫状況についてご回答いたします。

(4) 메일 예시

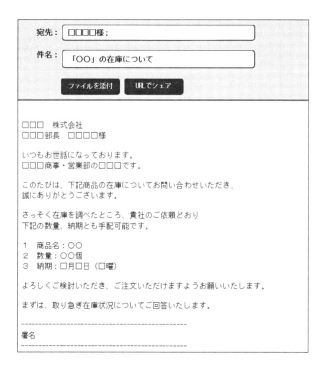

04_학습정리

1) 승낙 메일

- 의뢰나 신청, 주문 등에 대하여 수락 의사를 전하는 메일
- 신규 거래의 경우 거래가 시작되는 단계이기 때문에 최대한 정중하게 작성함
- 승낙 의사 표시 후 추가로 실무 차원의 논의나 자사의 입장 등에 관하여 작성함
- 승낙 메일의 종류

  新規取引の承諾, 注文の承諾, 注文変更の承諾, 価格値上げの承諾, 支払い期日の変更の承諾, 納期延期の承諾, 取引条件の変更の承諾

- 승낙 메일에 쓰이는 문구

  「~の件、承知(しょうち)いたしました」「~の件、承諾(しょうだく)いたしました」
  「~の件、了承(りょうしょう)しました」「~の件、了解(りょうかい)いたしました」
  「~の件、わかりました」「~の件、かしこまりました」「お引き受けいたします」
  「お受けすることにいたします」「受諾(じゅだく)いたしました」「喜んで~させていただきます」「ご期待に添(そ)うことができれば幸いです」「お役に立てれば幸いです」「微力(びりょく)ながら精一杯がんばりたいと思います」「お力になれれば幸いと存じます」

2) 거절 메일

- 상대의 의뢰나 요구에 응할 수 없음을 전하는 메일
- 거절의 이유는 명확해야 하며 상대방이 납득할 수 있는 것이어야 함. 대안이 있으면 제시함
- 거절 이후에도 서로의 관계가 지속할 것을 염두에 두고 작성해야 함
- 거절 메일의 종류

  (急ぎの)注文への断り, 注文取り消しへの断り, 見積もりに対する断り, 値引きに対

する断り, 納期延期に対する断り, 支払延期に対する断り, 提案の断り, 資料送付の断り, 新規取引依頼への断り

- 거절 메일에 쓰이는 문구

「お断り申しあげます」「お受けいたしかねます」「(お)引き受けかねます」「お受けすることはできません」「お断りせざるを得(え)ない状況です」「ご要望(ようぼう)には添(そ)いかねます」「ご遠慮(えんりょ)申し上げます」「ご勘弁(かんべん)いただきたく思います」「謹(つつし)んでご辞退(じたい)させていただきたく思います」「誠に不本意ながら」「誠に残念ではございますが」「残念ながら」「申し訳ございませんが」「せっかくのお申し出ですが」「ありがたいお申し越しですが」「せっかくのお申し出ですが」「結論から申し上げますと」「検討させていただいた結果」「お力になれなくて申し訳ございません」「お役に立てなくて申し訳ございません」「ご協力できなくて申し訳ございません」

3) 회답 메일

- 상대방의 문의 또는 의뢰에 대한 답신을 하는 메일. 설명이 주가 됨
- 상대방의 문의 사항에 맞게 답을 해야함
- 구체적인 답변 사항은 개조식으로
- 상품 주문 등 이후의 과정으로 진행될 수 있도록 유도함
- 회답 메일의 종류

在庫状況についての回答, 製品に関する照会への回答, 取引先の質問への回答, 見積もりの回答, 商品未着に関する回答, 収納品不足についての回答, 商品遅延に関する回答(とお詫び)

- 회답 메일에 쓰이는 문구

「~について回答します」「~の件につきお答えします」「~につきまして、ご回答申し上げます」「ご返答(へんとう)申し上げます」「改めてご返事いたします」「お問い合わせの件につきましては、以下の通りです」「~の件、メールにてご連絡させていただきます」「~の件について、説明いたします」「~につき、ご説明申し上げます」「~につきまして、事情をご説明させていただきます」「~につきまして、改めてご説明申し上げます」「~となっております」「~という次第です」「~と判明(はんめい)いたしました」「~によるものです」「~が生じました」「~に至(い)たった次第です」

05_실전 문제

Q 다음 내용을 보고 메일 제목과 본문을 써 봅시다.

> 수신인: 株式会社□□ 北野様
>
> 발신인: 株式会社□□□ □□□(자신의 이름)
>
> 목적: 추가주문 의뢰 거절. 이유는 물건이 바닥남

宛先:	
件名 :	

[ファイル添付] [URLでシェア]

- 追加注文　추가주문
- 品切れ　품절
- ~の件　~건
- しかしながら　하지만
- あいにく　공교롭게도
- 現在　현재・지금
- 貴社　귀사
- ご要望には沿うことができません
  요청에 부응할 수 없습니다
- 深くお詫び申し上げます
  깊이 사과 드립니다

- 弊社の事情により　저희 회사 사정으로
- ご迷惑をおかけいたしまして申し訳ござい
  ません　폐를 끼쳐 죄송합니다
- お許しくださいますようにお願い申し上げ
  ます　용서해 주시기를 부탁드리겠습니다
- 取り急ぎ　서둘러
- お詫び　사과
- かたがた　겸
- ご連絡いたします　연락드립니다(겸양)

사과·항의·독촉 메일

01_사과 메일

학습내용

• 사과 메일 작성법

학습목표

• 사과 메일이 사용되는 상황 및 작성 시 주의점을 익힐 수 있다.
• 구체적인 예시를 통해 사과 메일 작성법을 익힐 수 있다.

[1] 사과 메일

1) 사과 메일

(1) 사과 메일(お詫(わ)びメール)이란 무엇인가?

　• 자신이나 자기 회사에게 명확한 실수가 있어 상대에게 손해를 입혔을 때 쓰는 메일.

(2) 사과 메일 작성 시 주의점

　• 성의를 가지고 사과한다.

　• 문제의 상황과 원인, 책임 소재를 분명히 밝힌다.

　• 재발 방지 등 앞으로의 대책을 구체적으로 작성한다.

　• 과실의 정도에 따라서는 메일 이외에도 별도 전화나 직접 방문 등의 수단도 병행한다.

(3) 사과 메일의 종류

　　注文品誤送のお詫び(주문품 오배송 사과)　　　納期延期のお詫び(납기 지연 사과)

不良品納品のお詫び(불량품 납품 사과)　　　支払い遅延のお詫び(지불 지연 사과)

注文品品切のお詫び(주문품 품절 사과)　　　クレームへのお詫び(클레임 사과)

品違い・数量違いのお詫び(물품 착오, 수량 착오 사과)

2) 사과 메일의 예(상품 오배송 사과)

(1) 메일 작성의 흐름 및 포인트

- 상품 오배송에 대해 사과한다.

- 상품 오배송의 원인을 보고한다.

- 주문품 재발송을 알리고 확인을 부탁한다.

- 자사 오배송품에 대한 반송을 요청한다.

- 반성과 함께 거듭 사과한다.

(2) 제목

品違いの商品発送のお詫び, ご注文品誤送のお詫び

(3) 메일 전체 내용

宛先： □□□□様 ；

件名： 品違いの商品発送のお詫び

ファイルを添付　　URLでシェア

□□□　株式会社
営業部 □□□□様

平素は格別のご高配を賜り、厚くお礼申し上げます。
□□□商事・営業部の□□□です。

さて、この度は「□□□□」□□□個のご注文に対し、
「□□□□□」□□個をお送りしてしまいましたこと、
誠に申し訳ございませんでした。

さっそく、社内で調査いたしましたところ、
出荷担当者の手違いがあったことが判明いたしました。
本日、改めてご注文の品を発送いたしましたので、
ご査収の程よろしくお願い申し上げます。

なお、誤送品につきましては、
お手数をおかけしまして恐縮ではございますが、
料金着払いにてご返送くださいますよう
お願い申し上げます。

これからはこのような不手際のないよう、
発送時には十分注意いたす所存でございますので、
何卒ご容赦くださいますよう切にお願い申し上げます。

まずは、取り急ぎご報告とお詫び申し上げます。

署名
----

(4) 메일 본문 내용 확인

さて、この度は「□□□□」□□□個のご注文に対し、「□□□□□」□□個をお送りしてしまいましたこと、誠に申し訳ございませんでした。(그런데 이번에 '□□□□' □□□개를 주문하신 것에 대해 '□□□□□' □□개를 보내 드린 점 진심으로 죄송합니다.)
- 작성 포인트: 상품 오배송에 대한 사과

さっそく、社内で調査いたしましたところ、出荷担当者の手違いがあったことが判明いたしました。(곧바로 사내에서 조사한 결과 출하 담당자의 착오가 있었던 것으로 판명되었습니다.)
- 작성 포인트: 상품 오배송의 원인 보고
- 出荷(しゅっか): 출하
- 手違(てちが)い: 착오, 실수

本日、改めてご注文の品を発送いたしましたので、ご査収の程よろしくお願い申し上げます。(오늘 다시 주문하신 물품을 발송하였사오니 잘 조사해서 받아 주시기를 부탁드리겠습니다.)
- 작성 포인트: 주문품 재발송을 알리고 확인을 부탁함
- 品(しな): 물품
- 査収(さしゅう): 잘 조사하여 받음

なお、誤送品につきましては、お手数をおかけしまして恐縮ではございますが、料金着払いにてご返送くださいますようお願い申し上げます。(또한 오배송품에 관해서는 번거롭게 하여 죄송하지만 착불로 반송해 주시기를 부탁드리겠습니다.)
- 작성 포인트: 자사 오배송품에 대한 반송 요청
- 誤送(ごそう)品(ひん): 오배송품
- 着払(ちゃくばら)い: 착불

これからはこのような不手際のないよう、発送時には十分注意いたす所存でございますので、何卒ご容赦くださいますよう切にお願い申し上げます。(앞으로

는 이러한 실수가 없도록 발송 시에는 충분히 주의하도록 하겠사오니 아무쪼록 용서해 주실 것을 간절히 부탁드리겠습니다.)

- 작성 포인트: 향후 대응과 거듭 사과함
- 不手際(ふてぎわ): 솜씨가 나쁨, 실수
- ~所存(しょぞん)です: 할 생각입니다 「~つもりです」
- 切(せつ)に: 간절히

まずは、取り急ぎご報告とお詫び申し上げます。(우선은 서둘러 보고와 사죄 드립니다.)

3) 사과 메일에 쓰이는 문구

(1) 사과의 말

「申し訳ありません」(죄송합니다)

「失礼(しつれい)いたしました」(실례하였습니다)

「お詫びいたします」(사과드립니다)

「(謹(つつし)んで/幾重(いくえ)にも)お詫び申し上げます」((삼가/거듭) 사과드립니다)

「謝罪(しゃざい)いたします」(사죄드립니다)

「陳謝(ちんしゃ)いたします」(사과하고 용서를 빕니다)

「お詫びのことばもありません」(뭐라 드릴 말씀이 없습니다)

「お詫びの申し上げようもございません」(뭐라고 사과의 말씀을 드려야 할지 모르겠습니다)

「心から申し訳なく存じます」(진심으로 죄송하게 생각합니다)

「遺憾(いかん)に存じます」(유감스럽게 생각합니다)

(2) 사과 말 앞 사용 문구

「ご迷惑をおかけいたしまして」(폐를 끼쳐드려)

「ご心配をおかけいたしまして」(심려를 끼쳐드려)

「多大(ただい)なご迷惑をおかけして」(많은 폐를 끼쳐드려)

「ご不快(ふかい)の念(ねん)をおかけいたしまして」(불편을 끼쳐 드려서)

「失態(しったい)をお見せいたしまして」(실수를 보여드려서)

(3) 잘못

　「不注意(ふちゅうい)で」(부주의로)

　「不手際(ふてぎわ)で」(실수로)

　「手違(てちが)いで」(실수로)

　「不用意(ふようい)で」(조심성 없이)

　「心得違(こころえちが)いで」(잘못으로)

　「勘違(かんちが)いしており」(착각하여)

　「誤解(ごかい)がございまして」(오해가 있어)

　「失念(しつねん)しており」(깜빡 잊고)

　「うかつにも」(부주의로)

(4) 반성, 용서

　「(深く)反省(はんせい)(いた)しております」((깊이) 반성하고 있습니다)

　「猛省(もうせい)しております」(매우 반성하고 있습니다)

　「まさにおっしゃるとおりでございます」(정말로 말씀하시는 대로입니다)

　「～は無理もないことでございます」(～는 당연한 일입니다)

　「弁解(べんかい)の(余地(よち)/しよう)もございません」(변명의 여지도 없습니다)

　「面目次第(めんもくしだい)もございません」(참으로 면목이 없습니다)

　「申し開(ひら)きのできないことです」(변명할 수 없는 일입니다)

　「お恥ずかしいかぎりです」(부끄러울 따름입니다)

　「肝(きも)に銘(めい)じます」(명심하겠습니다)

　「以後、気をつけます」(앞으로 주의하겠습니다)

　「厳(げん)に注意します」(엄중히 주의하겠습니다)

　「このようなことは二度といたしません」(이러한 일은 두 번 다시 하지 않겠습니다)

　「お許しくださいませ」(용서해 주십시오)

　「ご容赦(ようしゃ)くださいませ」(용서해 주십시오)

　「ご容赦くださいますよう、お願い申し上げます」(용서해 주시길 부탁드리겠습니다)

　「ご勘弁(かんべん)願えませんでしょうか」(용서해 주실 수 없습니까)

　「ご勘弁願います」(용서해 주시기 바랍니다)

[2] 사과 메일 실습

1) 납기 연기 사과

(1) 메일 제목

- 「○○」納期遅延のお詫び('○○'의 납기 지연 사과)

(2) 본문 사과 내용

- **납기 지연 사과:** 이번에 주문해 주신 상품 '○○'에 관해서 납품이 늦어진 것을 진심으로 사과드립니다.
- **원인 조사 결과 보고:** 곧바로 원인을 조사한 결과 저희 회사의 사무 수속 실수에 의한 미스인 것이 판명되었습니다.
- **납품 지연 사과:** 납품 지연에 의해 귀사에 크게 폐를 끼친 것을 깊이 사과드립니다.
- **재발 방지 다짐 및 맺음말:** 앞으로는 이러한 실수를 반복하지 않도록 노력하겠사오니 부디 관용을 베풀어 주실 것을 부탁드리겠습니다.

(3) 본문 사과 내용을 일본어로 하면

- 이번에 주문해 주신 상품 '○○'에 관해서 납품이 늦어진 것을 진심으로 사과드립니다.
  - ▶ このたび、ご注文いただきました商品「○○」につきまして納品が遅れましたことを心よりお詫び申し上げます。
- ～에대해서 ▶ ～につきまして

  납품이 늦어지다 ▶ 納品(のうひん)が遅(おく)れる

  진심으로 사과 드립니다 ▶ 心よりお詫び申し上げます
- 곧바로 원인을 조사한 결과 저희 회사의 사무 수속 실수에 의한 미스인 것이 판명되었습니다.
  - ▶ さっそく、原因を調査いたしましたところ、弊社の事務手続きの不手際によるミスであることが判明いたしました。
- 수속 ▶ 手続(てつづ)き

  실수 ▶ 不手際(ふてぎわ)

  미스 ▶ ミス

판명되었습니다 ▶ 判明いたしました

• 납품 지연에 의해 귀사에 크게 폐를 끼친 것을 깊이 사과드립니다.

　▶ 納品の遅延により貴社には大変ご迷惑をおかけしたことを深くお詫び申し上げます。

• 폐를 끼치다(겸양) ▶ ご迷惑をおかけする

　깊이 사과드립니다 ▶ 深くお詫び申し上げます

• 앞으로는 이러한 실수를 반복하지 않도록 노력하겠사오니 부디 관용을 베풀어 주실 것을 부탁드리겠습니다.

　▶ 今後はこうした不手際を繰り返さぬよう努めてまいりますので、何卒、ご寛容くださいますようお願い申し上げます。

• 앞으로 ▶ 今後(こんご)

　반복하다 ▶ 繰(く)り返(かえ)す

　(앞으로) 노력하겠다(겸양) ▶ 努(つと)めてまいる (←ていく)

　관용을 베풀어 주시다 ▶ ご寛容(かんよう)くださる

(4) 메일 예시

宛先 : 　□□□□様 ；

件名 : 　「○○」納期遅延のお詫び

ファイルを添付　　URLでシェア

□□□　株式会社
営業部 □□□□様

いつもたいへんお世話になっております。
□□□商事・営業部の□□□です。

このたび、ご注文いただきました商品「○○」につきまして
納品が遅れましたことを心よりお詫び申し上げます。
さっそく、原因を調査いたしましたところ、
弊社の事務手続きの不手際による
ミスであることが判明いたしました。

納品の遅延により貴社には大変ご迷惑をおかけしたことを
深くお詫び申し上げます。

今後はこうした不手際を繰り返さぬよう努めてまいりますので、
何卒、ご寛容くださいますようお願い申し上げます。

署名

02_항의 메일

학습내용

- 항의 메일 작성법

학습목표

- 항의 메일이 사용되는 상황 및 작성 시 주의점을 익힐 수 있다.
- 구체적인 예시를 통해 항의 메일 작성법을 익힐 수 있다.

[1] 항의 메일

1) 항의 메일

(1) 항의 메일(抗議(こうぎ)メール)이란 무엇인가?

- 상대의 실수, 실례 등에 대해서 개선을 촉구하는 메일.
- 「苦情(くじょう)メール」로도 불린다.

(2) 항의 메일 작성 시 주의점

- 상대방의 실수가 명확할 경우 작성한다.
- 항의의 이유를 명확히 작성한다.
- 성의 있는 대응을 촉구한다.
- 감정에 치우치지 않도록 매너 있는 문장으로 작성한다.
- 상대방에 확인, 회답을 요구할 경우 기일을 명시한다.

(3) 항의 메일의 종류

注文取消しへの抗議(주문 취소 항의)　　数量不足への抗議(수량 부족 항의)

品違いへの抗議(물품 착오 항의)　　商品欠陥に対する抗議(상품 결함에 대한 항의)

担当者の働きぶりへの抗議(담당자 업무 태도 항의)

返品への抗議(반품 항의)　　　　値上げに対する抗議(가격 인상에 대한 항의)

請求金額に対する抗議(청구 금액에 대한 항의)

2) 항의 메일의 예(상품 수량 부족)

(1) 메일 작성의 흐름 및 포인트

- 배송된 주문품에 수량이 부족함을 전한다.
- 자체 조사 등으로 명백하게 수량이 다름을 알린다.
- 부족한 수량 배송을 요청한다.
- 자사 사정과 대응을 부탁한다.
- 신속한 답장을 부탁한다.

(2) 제목

- 商品の数量不足について(상품 수량 부족에 대하여)

(3) 메일 전체 내용

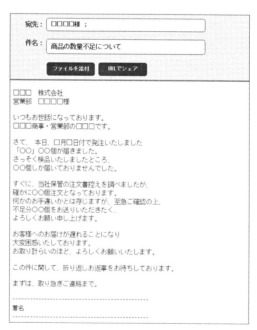

(4) 메일 본문 내용 확인

さて、本日、□月□日付で発注いたしました「○○」○○個が届きました。さっそく検品いたしましたところ、○○個しか届いておりませんでした。(그런데 오늘 □월 □일 부로 발주한 '○○' ○○개가 도착하였습니다. 즉시 검품한 결과 ○○개밖에 오지 않았습니다.)

- 작성 포인트: 배송된 주문품에 수량이 부족함을 전한다.
- ~しか~ない: ~밖에 ~지 않다

すぐに、当社保管の注文書控えを調べましたが、確かに○○個注文となっております。(곧바로 당사가 보관한 주문서 부본을 조사하였지만 확실히 ○○개 주문으로 되어 있습니다.)

- 작성 포인트: 회사에 보관된 주문서 부본과 대조하여 수량이 다른 것을 재차 확인함을 알린다.
- 当社(とうしゃ): 당사 (우리 회사) cf. 弊社
- 注文書控(ひか)え: 주문서 부본

何かのお手違いかとは存じますが、至急ご確認の上、不足分○○個をお送りいただきたく、よろしくお願い申し上げます。(어떤 실수일 것으로는 생각하지만 급히 확인하시고 부족분 ○○개를 보내 주시기를 부탁드리겠습니다.)

- 작성 포인트: 부족한 수량의 배송을 요청한다.
- 手違(てちが)い: 착오, 실수
- ~の上(うえ): ~한 후에

お客様へのお届けが遅れることになり大変困惑いたしております。お取り計らいのほど、よろしくお願いいたします。(고객에 배송이 늦어지게 되어 매우 곤란한 지경입니다. 조처해 주실 것을 잘 부탁드리겠습니다.)

- 작성 포인트: 자사의 사정과 대응을 부탁한다.
- お届(とど)け: 배송
- 取(と)り計(はか)らい: 조처, 처리

この件に関して、折り返しお返事をお待ちしております。**(이 건에 관해서 즉각적인 회답을 기다리고 있겠습니다.)**

- 작성 포인트: 신속한 답장을 부탁한다.
- 折(お)り返(かえ)し: 받은 즉시 곧

まずは、取り急ぎご連絡まで。**(우선은 급히 연락 보내 드립니다.)**

3) 항의 메일에 쓰이는 문구

(1) 곤란함, 납득이 안감

- 「非常な迷惑(めいわく)をこうむっております」(큰 피해를 입고 있습니다)
- 「甚(はなは)だ遺憾(いかん)に存じます」(매우 유감스럽게 생각합니다)
- 「困惑(こんわく)するかぎりです」(곤란할 따름입니다)
- 「当社の信用にも関わる事態(じたい)となっています」(당사의 신용과 관련된 사태가 되었습니다)
- 「納得(なっとく)できません」(납득할 수 없습니다)
- 「承服(しょうふく)いたしかねます」(승복하기 어렵습니다)
- 「納得しかねるところです」(납득하기 어려운 상황입니다)

(2) 답변 요구

- 「誠意(せいい)あるご回答を賜りたく、お願い申し上げます」(성의 있는 회답을 받기를 부탁드립니다)
- 「誠意あるご回答をお待ち申し上げます」(성의 있는 회답을 기다리고 있겠습니다)
- 「何分(なにぶん)のご回答をお待ち申し上げます」(마땅한 답변을 기다리겠습니다)
- 「確(かく)たるご返答をお待ちしております」(확실한 답변을 기다리고 있겠습니다)

(3) 대처 요구

- 「速(すみ)やかに善処(ぜんしょ)していただきたくお願い申し上げます」(빨리 선처해 주시길 부탁드리겠습니다)
- 「迅速(じんそく)な対処(たいしょ)をお願い申し上げます」(신속한 대처를 부탁드리겠습니다)

- 「早急(そうきゅう)に事態を改善(かいぜん)していただけますようお願い申し上げます」(시급히 사태를 개선해 주시기를 부탁드리겠습니다)

(3) 미대응 시
- 「今後の推移(すいい)次第では」(앞으로의 추이에 따라서는)
- 「期日までにご返答(へんとう)ない場合には」(기일까지 답변이 없는 경우에는)
- 「□月□日までに納得(なっとく)のいくご回答が得られない場合は」(□월 □일까지 납득 가는 답변을 못 얻었을 경우에는)
- 「最悪の場合は」(최악의 경우에는)
- 「何らかの措置(そうち)をとらざるを得ないと存じます」(응분의 조치를 취할 수 밖에 없습니다)
- 「取引停止(ていし)も選択肢(せんたくし)に入れざるを得ないと存じます」(거래 정지도 선택지에 들어 갈 수 밖에 없습니다)
- 「法的(ほうてき)な手続きに移る所存(しょぞん)でございます」(법적 절차로 이행할 생각입니다)

[2] 항의 메일 실습

1) 물품 결함 항의

(1) 메일 제목
- 「○○」の欠陥について('○○'의 결함에 관하여)

(2) 항의 사항
- **납품 받은 물건에 일부 결함을 발견**: 그런데 □월□일 부로 납품 받은 '○○'를 검품한 결과 결함이 있는 상품이 ○○개 발견되었습니다.
- **상품 상태 확인하고 대체품 배송 요청**: 대단히 죄송하지만 상품의 상태를 확인하신 후에 속히 대체품을 보내 주실 것을 부탁드리겠습니다.
- **결함의 엄중 관리 요청**: 결함에 관해서는 앞으로의 문제도 있으므로 품질관리를 보

다 엄중히 해 주시기를 부탁드리겠습니다.

- **답장 부탁**: 죄송하지만 이 건에 관해서 즉각적인 회답을 기다리고 있겠습니다.
- **맺음말**: 우선은 급히 연락부터 보내 드립니다.

(3) 항의 사항을 일본어로 하면

- 그런데 □월 □일 부로 납품 받은 '○○'를 검품한 결과 결함이 있는 상품이 ○○개 발견 되었습니다.
    - ▶ さて、□月□日付でお納めいただきました「○○」を検品いたしましたところ、欠陥のある商品が○○個見つかりました。

- 납품 받다 ▶ お納(おさ)めいただく

  검품한 결과 ▶ 検品(けんびん)したところ

  결함 ▶ 欠陥(けっかん)

  발견되다 ▶ 見つかる

- 대단히 죄송하지만 상품의 상태를 확인하신 후에 속히 대체품을 보내 주실 것을 부탁드리겠습니다.
    - ▶ 大変恐れ入りますが、商品の状態をご確認の上、代替品を大至急お送りくださいますようお願い申し上げます。

- 대단히 죄송하지만 ▶ 大変恐れ入りますが

  속히 ▶ 大至急(だいしきゅう)

  대체품 ▶ 代替品(だいたいひん)

- 결함에 관해서는 앞으로의 문제도 있으므로 품질관리를 보다 엄중히 해 주시기를 부탁드리겠습니다.
    - ▶ 欠陥につきましては、今後の問題もございますので品質管理をより厳しく行ってくださいますようお願い申し上げます。

- 품질관리를 하다 ▶ 品質管理(ひんしつかんり)を行う

  보다 ▶ より

  엄중히 ▶ 厳(きび)しく

- 죄송하지만 이 건에 관해서 즉각적인 회답을 기다리고 있겠습니다.
    - ▶ 恐れ入りますが、この件に関しまして、折り返しお返事をお待ちしております。

- 즉각적인 ▶ 折り返し

회답을 기다리고 있겠습니다 ▶ お返事をお待ちしております

- 우선은 급히 연락부터 보내 드립니다.

　　▶ まずは、取り急ぎご連絡まで。

(4) 메일 예시

03_독촉 메일

- 독촉 메일 작성법

- 독촉 메일이 사용되는 상황 및 작성 시 주의점을 익힐 수 있다.
- 구체적인 예시를 통해 독촉 메일 작성법을 익힐 수 있다.

[1] 독촉 메일

1) 독촉 메일

(1) 독촉 메일(催促(さいそく)メール)이란 무엇인가?
  - 상대방에 의한 지연에 빨리 대응하도록 촉구하는 메일.

(2) 독촉 메일 작성 시 주의점
  - 상대방의 실수에도 배려하는 글을 작성한다.
    - 상대방의 신속한 대응을 위해서임
  - 감정적인 것과 문제가 되는 사항이 혼동되지 않도록 객관적인 사실을 정확히 전달한다.
  - 약속한 기일이 지나면 신속히 보낸다.

(3) 독촉 메일의 종류

カタログ送付の催促(카탈로그 송부 독촉)　商品送付の催促(상품 송부 독촉)

見積書の催促(견적서 독촉)　　　　　入金遅延に対する催促(입금 지연에 대한 독촉)

納期遅延の催促(납기 지연에 대한 독촉)　返品の催促(반품 독촉)

領収書送付の催促(영수증 송부 독촉)　　出荷の催促(출하 독촉)

2) 독촉 메일의 예(견적서 독촉)

(1) 메일 작성의 흐름 및 포인트

- 요청한 견적서가 아직 도착하지 않았다.

- 견적서 미발송으로 인해 곤란하다.

- 신속한 대응과 대응 후에 연락을 부탁한다.

(2) 제목

- 見積書ご依頼の件

(3) 메일 전체 내용

宛先：□□□□様；

件名：見積書ご依頼の件

[ファイルを添付] [URLでシェア]

□□□　株式会社
□□□部長　□□□□様

いつもお世話になっております。
□□□商事・営業部の□□□です。

さて、先般ご依頼しております
「○○」のお見積書送付の件についてですが、
本日現在、未だ到着の確認ができておりません。

何か手違いによりご送付が遅れているのかもしれませんが、
弊社といたしましても今後の発注について検討することができず、
大変困惑いたしております。

お忙しいところ大変恐縮ですが、
ご確認の上、至急ご対応頂きますようお願い申し上げます。
見積書送付をお手続き頂けましたら
その旨をご連絡いただければ幸甚でございます。

なお、本メールと行き違いになっている場合は、
何卒ご容赦ください。

まずは取り急ぎご連絡いたします。

署名
----

(4) 메일 본문 내용 확인

さて、先般ご依頼しております「○○」のお見積書送付の件についてですが、本日現在、未だ到着の確認ができておりません。(그런데 지난번 의뢰드린 '○○' 견적서 송부 건에 대해서입니다만 오늘 현재 아직 도착 확인이 되어있지 않습니다.)

- 작성 포인트: 요청한 견적서가 메일 작성 시점에 아직 도착하지 않았음을 전달한다. (객관적인 사실을 적는다)
- 先般(せんぱん): 전번, 지난번
- 本日現在、未(いま)だ: 오늘 현재 아직(메일 작성 시점)
- できる: 되다, 이루어지다

何か手違いによりご送付が遅れているのかもしれませんが、弊社といたしましても今後の発注について検討することができず、大変困惑いたしております。(어떠한 착오에 의해 발송이 지체되어 있는 것일지도 모르겠지만 저희 회사로서도 앞으로의 발주에 대해 검토할 수가 없어 매우 곤란해 하고 있습니다.)

- 작성 포인트: 견적서가 없어 업무에 애로 사항이 있음을 전달한다.
- ～かもしれない: ～일지도 모르다
- ～といたしましても: ～로서도「～としても」

お忙しいところ大変恐縮ですが、ご確認の上、至急ご対応頂きますようお願い申し上げます。見積書送付をお手続き頂けましたらその旨をご連絡いただければ幸甚でございます。(바쁘신 데 매우 죄송스럽지만 확인하시고 급히 대처해 주시기를 부탁드리겠습니다. 견적서 송부를 처리해 주시고 보내 주셨다는 연락을 해 주시면 감사드리겠습니다.)

- 작성 포인트: 서둘러 대응해 줄 것을 요청하고 대응 후에 연락을 부탁한다.
- 幸甚(こうじん): 다행「～ば(幸甚/幸い)です」(～면 감사드리겠습니다)

なお、本メールと行き違いになっている場合は、何卒ご容赦ください。(또한 본 메일을 받으시기 전에 견적서를 보내셨다면 아무쪼록 용서해 주십시요.)

- 작성 포인트: 혹시 모를 엇갈림에 대해서 미리 양해를 구하는 어구를 사용하여 상대방을 배려한다.

• 行(ゆ)き違い: 엇갈림

まずは取り急ぎご連絡いたします。(우선은 서둘러 연락 드립니다.)

3) 독촉 메일에 쓰이는 문구

(1) 상황 문의

- 「(~いただいておりませんが、)その後いかがでしょうか」((~해 주시지 않으셨는데) 이후 어떻게 되었는지요)
- 「どのようになっているのでしょうか」(어떻게 되어 있는 것인지요)
- 「いかがなりましたでしょうか」(어떻게 되었는지요)
- 「いかがされたものかと案じております」(어떻게 되었는지 걱정하고 있습니다)

(2) 발송 시점 현재, 연락 없음

- 「本日現在まだ」(오늘 현재 아직)
- 「本日□月□日に(至りましても/なっても)」(오늘 □월 □일(이 되어도))
- 「お約束の期日を過ぎて、未だに」(약속하신 기일이 지나도 아직)
- 「お願いしておりました□月□日を過ぎても」(부탁 드린 □월 □일이 지나도)
- 「何度か催促申しあげたにもかかわらず」(몇 번이고 독촉드렸음에도 불구하고)
- 「なんら連絡がありません」(어떠한 연락이 없습니다)
- 「ご連絡もいただけないまま」(연락도 받지 못한 채)
- 「その後ご連絡もいただいておりません」(그 후에 연락도 받지 않았습니다.)

(3) 곤란함, 상대방 사정 배려

- 「弊社といたしましては~などに困りますので」(저희 회사로서는 ~등으로 곤란하오니)
- 「大変困惑いたしております」(매우 곤혹스럽게 생각하고 있습니다)
- 「苦慮(くりょ)している次第です」(고심하고 있는 바입니다)
- 「支障を(きたしかねません/きたしております)」(지장을 초래할 수 있습니다/차질을 빚고 있습니다)
- 「何らかの手違いかとも存じますが」(어떠한 착오일 것으로 보이지만)

- 「いろいろとご事情おありでしょうが」(여러 가지 사정이 있으시겠지만)
- 「ご多忙(たぼう)のためのご失念(しつねん)かと存じますが」(다망하셔서 잊으셨으리라 생각하지만)

(4) 대처 & 연락 요구

- 「至急(しきゅう)の連絡を、メールにて願います」(급히 연락을 메일로 부탁합니다)
- 「□月□日必着(ひっちゃく)にて、~くださるようお願い申し上げます」(□월□일 필착으로 ~해 주시길 부탁드리겠습니다)
- 「確実なところのご返事を、至急いただきたく存じます」(확실한 답변을 시급히 받고자 합니다)
- 「誠意ある対応をしていただきますよう」(성의 있는 대처를 해 주시기를)
- 「迅速(じんそく)に~くださるよう、お願い申しあげます」(신속히 ~해 주시기를 부탁드리겠습니다)
- 「至急の連絡を、メールにて願います」(시급히 연락을 메일로 부탁합니다)
- 「ご事情についてご回答いただけますよう」(귀사의 사정에 대해서 답변해 주시기를)
- 「誠意ある対応をしていただきますよう、お願い申しあげます」(성의 있는 대처를 해 주시기를 부탁드리겠습니다)

[2] 독촉 메일 실습

1) 상품 배송 독촉
(1) 메일 제목
- 商品送付のお願い(상품 배송 부탁)

(2) 독촉 사항
- **상품 배송 상황 문의**: 본론으로 들어가서 □월□일 부로 발주한 'ㅇㅇ' ㅇㅇㅇ개 일인데 어떻게 된 것인가요?
- **상품 도착 예정일 지남 & 지연 연락 없음**: 상품 도착 예정일은 □월□일이라고 들었

는 데 오늘 현재 아직도 착하되어 있지 않습니다. 아직 이 건에 관해 지연 연락도 받지 않았습니다.

- **회답 및 기일 내 납품 부탁**: 그리하여 즉시 메일 또는 전화로 어떠한 회답이든 해 주시고 아울러 □월 □일까지 납품해 주시기를 거듭 부탁드리겠습니다.
- **기일 내 납품이 없을 경우 조치함**: 또한 위의 기한까지 납품해 주시지 않을 경우에는 어쩔 수 없지만 해약할 수 밖에 없으므로 이를 양해해 주시기 바랍니다.
- **맺음말**: 우선은 서둘러 안내 드립니다.

(3) 독촉 사항을 일본어로 하면

- 본론으로 들어가서 □월 □일 부로 발주한 '○○' ○○○개 일인데 어떻게 된 것인가요?
  - ▶ さっそくですが、□月□日付で発注しました「○○」○○○個ですが、いかがなっておりますでしょうか。
- 어떻게 된 것인가요 ▶ いかがなっておりますでしょうか
- 상품 도착 예정일은 □월 □일이라고 들었는데 오늘 현재 아직도 착하되어 있지 않습니다. 아직 이 건에 관해 지연 연락도 받지 않았습니다.
  - ▶ 商品の到着予定日は□月□日と伺っておりましたが、本日現在、いまだに着荷しておりません。まだ、この件につきまして、遅延のご連絡もいただいておりません。
- 듣다(겸양) ▶ 伺(うかが)う

  오늘 현재 아직도 ▶ 本日現在、いまだに

  착하되어 있다 ▶ 着荷(ちゃっか)している

  지연 ▶ 遅延(ちえん)

- 그리하여 즉시 메일 또는 전화로 어떠한 회답이든 해 주시고 아울러 □월 □일까지 납품 해 주시기를 거듭 부탁드리겠습니다.
  - ▶ つきましては、折り返しのメールまたはお電話にて何らかのご回答をいただくとともに、□月□日までにご納品くださいますよう、改めてお願い申し上げます。
- 어떠한 ~든 ▶ 何らかの~

  아울러 ▶ ~とともに

  거듭 ▶ 改(あらた)めて

- 또한 위의 기한까지 납품해 주시지 않을 경우에는 어쩔 수 없지만 해약할 수 밖에 없으므로 이를 양해해 주시기 바랍니다.

    ▶ なお、上記の期限までにご納品いただけない場合は、不本意ながら解約させていただかざるを得ませんので、その旨ご承知おきくださるようよろしくお願い申し上げます。

- 어쩔 수 없지만 ▶ 不本意ながら

  해약 ▶ 解約(かいやく)

  ~할 수 밖에 없다 ▶ ~せざるを得えない

  양해해 주시다 ▶ ご承知おきくださる

- 우선은 서둘러 안내 드립니다. ▶ まずはとり急ぎお知らせいたします。

(4) 메일 예시

```
宛先 :  □□□□様 ；

件名 :  商品送付のお願い


  ファイルを添付    URLでシェア


□□□  株式会社
営業部  □□□□様

いつもお世話になっております。
□□□商事・営業部の□□□です。

さっそくですが、□月□日付で発注しました
「○○」○○○個ですが、いかがなっておりますでしょうか。

商品の到着予定日は□月□日と伺っておりましたが、
本日現在、いまだに着荷しておりません。
また、この件につきまして、
遅延のご連絡もいただいておりません。

つきましては、折り返しのメールまたはお電話にて
何らかのご回答をいただくとともに、
□月□日までにご納品くださいますよう、
改めてお願い申し上げます。

なお、上記の期限までにご納品いただけない場合は、
不本意ながら解約させていただかざるを得ませんので、
その旨ご承知おきくださるようよろしくお願い申し上げます。

まずはとり急ぎお知らせいたします。

------------------------------------------
署名
------------------------------------------
```

04_학습정리

1) 사과 메일

- 자신이나 자기 회사에게 명확한 실수가 있어 상대에게 손해를 입혔을 때 쓰는 메일
- 성의를 가지고 사과함
- 원인, 책임 소재를 분명히 밝히고 앞으로의 대책을 구체적으로 작성
- 사과 메일의 종류

  注文品誤送のお詫び, 納期延期のお詫び, 不良品納品のお詫び, 支払い遅延のお詫び, 注文品品切のお詫び, クレームへのお詫び, 品違い・数量違いのお詫び

- 사과 메일에 쓰이는 문구
  - 사과

    「申し訳ありません」「失礼(しつれい)いたしました」「お詫びいたします」「(謹(つつし)んで/幾重(いくえ)にも)お詫び申し上げます」「謝罪(しゃざい)いたします」「陳謝(ちんしゃ)いたします」「お詫びのことばもありません」「お詫びの申し上げようもございません」「心から申し訳なく存じます」「遺憾(いかん)に存じます」

  - 사과 말 앞 사용 문구

    「ご迷惑をおかけいたしまして」「ご心配をおかけいたしまして」「多大(ただい)なご迷惑をおかけして」「ご不快(ふかい)の念(ねん)をおかけいたしまして」「失態(しったい)をお見せいたしまして」

  - 잘못

    「不注意(ふちゅうい)で」「不手際(ふてぎわ)で」「手違(てちが)いで」「不用意(ふようい)で」「心得違(こころえちが)いで」「勘違(かんちが)いしており」「誤解(ごかい)がございまして」「失念(しつねん)しており」「うかつにも」

제12과 사과·항의·독촉 메일 **275**

- 반성, 용서

「(深く)反省(はんせい)しております」「猛省(もうせい)しております」「まさにおっしゃるとおりでございます」「〜は無理もないことでございます」「弁解(べんかい)の(余地(よち)/しよう)もございません」「面目次第(めんもくしだい)もございません」「申し開(ひら)きのできないことです」「お恥ずかしいかぎりです」「肝(きも)に銘(めい)じます」「以後、気をつけます」「厳(げん)に注意します」「このようなことは二度といたしません」「お許しくださいませ」「ご容赦(ようしゃ)くださいませ」「ご容赦くださいますよう、お願い申し上げます」「ご勘弁(かんべん)願えませんでしょうか」「ご勘弁願います」

2) 항의 메일

- 상대의 실수, 실례 등에 대해서 개선을 촉구하는 메일
- 상대방의 실수가 명확할 경우 작성
- 항의 이유를 명확히 작성하고 성의 있는 대응 촉구
- 감정에 치우치지 않도록 매너 있는 문장으로 작성
- 확인, 회답을 요구할 경우 기일을 명시함
- 항의 메일의 종류

   注文取消しへの抗議, 数量不足への抗議, 品違いへの抗議, 商品欠陥に対する抗議, 担当者の働きぶりへの抗議, 返品への抗議, 値上げに対する抗議, 請求金額に対する抗議

- 항의 메일에 쓰이는 문구
  - 곤란함, 납득이 안감

   「非常な迷惑(めいわく)をこうむっております」「甚(はなは)だ遺憾(いかん)に存じます」「困惑(こんわく)するかぎりです」「当社の信用にも関わる事態(じたい)となっています」「納得(なっとく)できません」「承服(しょうふく)いたしかねます」「納得しかねるところです」

  - 답변 요구

   「誠意(せいい)あるご回答を賜りたく、お願い申し上げます」「誠意あるご回答をお待ち申し上げます」「何分(なにぶん)のご回答をお待ち申し上げます」「確(かく)たるご返答をお待ちしております」

- 대처 요구

「速(すみ)やかに善処(ぜんしょ)していただきたくお願い申し上げます」「迅速(じんそく)な対処(たいしょ)をお願い申し上げます」「早急(そうきゅう)に事態を改善(かいぜん)していただけますようお願い申し上げます」

- 미대응 시

「今後の推移(すいい)次第では」「期日までにご返答(へんとう)ない場合には」「□月□日までに納得(なっとく)のいくご回答が得られない場合は」「最悪の場合は」「何らかの措置(そうち)をとらざるを得ないと存じます」「取引停止(ていし)も選択肢(せんたくし)に入れざるを得ないと存じます」「法的(ほうてき)な手続きに移る所存(しょぞん)でございます」

3) 독촉 메일

- 상대방에 의한 지연에 빨리 대응하도록 촉구하는 메일
- 상대방의 실수에도 배려하는 글을 작성
- 감정적인 것과 문제가 되는 사항이 혼동되지 않도록 객관적인 사실을 정확히 전달함
- 약속한 기일이 지나면 신속히 보냄
- 독촉 메일의 종류

カタログ送付の催促, 商品送付の催促, 見積書の催促, 入金遅延に対する催促, 納期遅延の催促, 返品の催促, 領収書送付の催促, 出荷の催促

- 독촉 메일에 쓰이는 문구
  - 상황 문의

「(～いただいておりませんが、)その後いかがでしょうか」「どのようになっているのでしょうか」「いかがなりましたでしょうか」「いかがされたものかと案じております」

  - 발송 시점 현재, 연락 없음

「本日現在まだ」「本日□月□日に(至りましても/なっても)」「お約束の期日を過ぎて、未だに」「お願いしておりました□月□日を過ぎても」「何度か催促申しあげたにもかかわらず」「なんら連絡がありません」「ご連絡もいただけないまま」「その後ご連絡もいただいておりません」

  - 곤란함, 상대방 사정 배려

「弊社といたしましては～などに困りますので」「大変困惑いたしております」

「苦慮(くりょ)している次第です」「支障を(きたしかねません/きたしております)」
「何らかの手違いかとも存じますが」「いろいろとご事情おありでしょうが」「ご多
忙(たぼう)のためのご失念(しつねん)かと存じますが」

- 대처 & 연락 요구

「至急(しきゅう)の連絡を、メールにて願います」「□月□日必着(ひっちゃく)に
て、~くださるようお願い申し上げます」「確実なところのご返事を、至急いた
だきたく存じます」「誠意ある対応をしていただきますよう」「迅速(じんそく)
に~くださるよう、お願い申しあげます」「至急の連絡を、メールにて願いま
す」「ご事情についてご回答いただけますよう」「誠意ある対応をしていただき
ますよう、お願い申しあげます」

05_실전 문제

Q 다음 내용을 보고 메일 제목과 본문을 써 봅시다.

수신인: 株式会社□□　臼井様

발신인: 株式会社□□□　□□□(자신의 이름)

목적: 견적서 답장이 늦은 것에 대한 사과. 메일 초안을 보내는 것을 깜빡함.

　　　견적서는 액면대로 진행해도 좋음.

宛先:

件名 :

[ファイル添附]　[URLでシェア]

|| 참고 ||

- 見積書　견적서
- 早速(さっそく)ですが　본론으로 들어가서
- お返事が遅くなり、誠に申し訳ございません
  답장이 늦어 진심으로 사죄 드립니다
- 返信のメールを下書きしたまま
  답장 메일 초안을 작성한 채
- 失念　깜빡 잊음
- 額面通りで進めていただければと存じます
  액면대로 진행해 주시면 될 것 같습니다

감사·인사·위문 메일

01_감사 메일

학습내용

● 감사 메일 작성법

학습목표

● 감사 메일이 사용되는 상황 및 작성 시 주의점을 익힐 수 있다.
● 구체적인 예시를 통해 감사 메일 작성법을 익힐 수 있다.

[1] 감사 메일

1) 감사 메일

(1) 감사 메일(お礼(れい)メール)이란 무엇인가?
  ● 상대방에게 감사의 마음을 전하는 의례적 메일.

(2) 감사 메일 작성 시 주의점
  ● 감사 메일은 감사의 마음을 전하는 것이 가장 큰 목적이다.
  ● 메일은 가급적이면 빨리 보낸다.
  ● 무엇에 대해 감사하는가를 구체적으로 적는다. (5W 3H: 「いつ、誰に、どこで、なぜ、何を、どのように、いくつ、いくらで行ってもらったか」)

(3) 감사 메일의 종류
  打合せのお礼(회의 감사)　　　　　　　契約成立のお礼(계약 성립 감사)

注文のお礼(주문 감사)	新規取引先紹介のお礼(신규 거래 소개 감사)
名刺交換のお礼(명함 교환 감사)	贈り物へのお礼(선물에 대한 감사)
お歳暮に対するお礼(연말 감사)	お中元に対するお礼(백중 감사)
お土産のお礼(기념품 감사)	助言に対するお礼(조언 감사)
訪問のお礼(방문 감사)	接待してもらったお礼(접대 감사)

2) 감사 메일의 예(주문 감사)

(1) 메일 작성의 흐름 및 포인트

- 주문에 대해 감사한다.
- 상품 설명을 하고 지속적인 주문을 희망한다.
- 납품기한 안내 및 상품 문의에 대응할 문의처를 명시한다.

(2) 제목

- ご注文のお礼

(3) 메일 전체 내용

宛先 : 　□□□□様 ；

件名 : 　ご注文のお礼

ファイルを添付　　URLでシェア

□□□　株式会社
営業部　□□□□様

いつもお世話になっております。
□□□商事・営業部の□□□です。

さて、このたびは弊社商品「○○」をご注文くださり、
誠にありがとうございます。

「○○」は、弊社が自信をもってお勧めする商品です。
貴社にご利用いただけることを、担当一同、大変喜んでおります。
末永くご利用いただけますよう心よりお願い申し上げます。

商品はご指定の納期までにお届けできます。
ご質問・ご不明な点がございましたら、
いつでも担当の□□までお申しつけくださいませ。

今後ともご愛顧のほど、よろしくお願い申し上げます。

署名
----

(4) 메일 본문 내용 확인

さて、このたびは弊社商品「○○」をご注文くださり、誠にありがとうございます。(그런데 이번에 저희 회사 상품 '○○'을 주문해 주셔서 진심으로 감사드립니다.)

- 작성 포인트: 주문에 대한 감사 인사를 한다.

「○○」は、弊社が自信をもってお勧めする商品です。貴社にご利用いただけることを、担当一同、大変喜んでおります。('○○'는 저희 회사가 자신 있게 권장하는 상품입니다. 귀사에서 이용해 주시는 것을 담당자 일동은 매우 기쁘게 생각합니다.)

- 작성 포인트: 상품에 대해서 설명하고 주문에 대해 감사한다.
- 勧(すす)める: 권장하다, 권하다
- 一同(いちどう): 일동

末永くご利用いただけますよう心よりお願い申し上げます。(오래도록 이용해 주시기를 진심으로 부탁드리겠습니다.)

- 작성 포인트: 지속적인 주문 희망
- 末永(すえなが)く:「これからもずっと」오래도록

商品はご指定の納期までにお届けできます。ご質問・ご不明な点がございましたら、いつでも担当の□□までお申しつけくださいませ。(상품은 지정하신 기일까지 배송할 수 있습니다. 질문이나 불명확한 점이 있으시다면 언제라도 담당 □□에게 말씀해 주시기 바랍니다.)

- 작성 포인트: 납품기한 안내, 상품 문의에 대응할 담당자를 명시한다.
- 不明(ふめい): 불명확함
- 申しつける: 분부하다

今後ともご愛顧のほど、よろしくお願い申し上げます。(앞으로도 잘 봐주시길 부탁드리겠습니다.)

3) 감사 메일에 쓰이는 문구

(1) 감사의 말
- 「誠にありがとうございます」(진심으로 감사드립니다)
- 「心より感謝申し上げます」(진심으로 감사드립니다)
- 「感謝申し上げる次第です」(감사드리는 바입니다)
- 「深謝(しんしゃ)いた(します/しております)」(깊이 감사드립니다)
- 「(厚く/重かさねて)お礼申し上げます」((깊이/거듭) 감사의 말씀을 드립니다)
- 「ありがたくお礼申し上げます」(감사드립니다)
- 「感謝の念に堪(た)えません」(감사해 마지않습니다)

(2) 감사 말 앞에 사용
- 「おかげさまで」(덕분에)
- 「おかげさまをもちまして」(덕분에)
- 「ご愛顧(あいこ)いただき」(좋게 봐 주셔서)
- 「お世話(せわ)になり」(신세를 져서)
- 「ご尽力(じんりょく)いただき」(힘써 주셔서)
- 「いつもお心にかけていただき」(언제나 신경 써 주셔서)
- 「日ごろから細やかなご配慮(はいりょ)をいただき」(평소부터 세심히 배려해 주셔서)
- 「お骨折(ほねおり)に」(힘써 주셔서)

(3) 감사 & 미안함
- 「お手を煩(わずら)わせてしまいまして申し訳ございません」(번거롭게 해드려서 죄송합니다)
- 「ご面倒(めんどう)をおかけしました」(폐를 끼쳤습니다)
- 「恐れ入ります」(송구스럽습니다)
- 「誠に恐縮でございます」(참으로 송구스럽습니다)
- 「痛(いた)み入ります」(송구스럽습니다)

[2] 감사 메일 실습

1) 방문 회의 감사

(1) 메일 제목

- 打ち合わせのお礼(회의에 대한 감사)

(2) 본문 감사 내용

- **방문 감사:** 오늘은 바쁘신 와중에 저희 회사까지 와 주셔서 진심으로 감사드립니다.
- **의견에 대한 감사:** 저희 회사의 신규 사업에 관해 □□ 님의 솔직한 의견을 들어서 대단히 참고가 되었습니다. 진심으로 감사드립니다.
- **의견 반영 및 앞으로도 의견 부탁:** 앞으로 여러분의 의견을 바탕으로 본 사업을 개선할 생각입니다. 앞으로도 지도 편달해 주시기를 부탁드리겠습니다.
- **맺음말:** 우선은 급히 메일로 감사 인사 드립니다.

(3) 감사 내용을 일본어로 하면

- 오늘은 바쁘신 와중에 저희 회사까지 와 주셔서 진심으로 감사 드립니다.
  - ▶ 本日はご多忙のところ、弊社までご足労くださり、誠にありがとうございました。
- 바쁘신 와중에 ▶ ご多忙(たぼう)のところ

  와 주셔서 ▶ ご足労(そくろう)くださり
- 저희 회사의 신규 사업에 관해 □□ 님의 솔직한 의견을 들어서 대단히 참고가 되었습니다. 진심으로 감사드립니다.
  - ▶ 弊社の新規事業について□□様の率直なご意見をいただき大変参考になりました。心より感謝申し上げます。
- 솔직한~ ▶ 率直(そっちょく)な~

  (상대방) 의견을 듣다(받다) ▶ ご意見をいただく

  참고가 되다 ▶ 参考になる
- 앞으로 여러분의 의견을 바탕으로 본 사업을 개선할 생각입니다. 앞으로도 지도 편달해 주시기를 부탁드리겠습니다.

▶ 今後、皆様のご意見をもとに、本事業を改善させていただく所存です。今後
ともご指導、ご鞭撻を賜りますようよろしくお願いいたします。

• ～을 바탕으로 ▶ ～をもとに

개선 ▶ 改善(かいぜん)

～할 생각입니다 ▶ ～所存(しょぞん)です

앞으로도 ▶ 今後(こんご)とも

지도 편달해 주시기를 부탁드리겠습니다

▶ ご指導(しどう)、ご鞭撻(べんたつ)を賜りますようよろしくお願いいたします

• 우선은 급히 메일로 감사 인사 드립니다.

▶ まずは、取り急ぎメールにてお礼申し上げます。

(4) 메일 예시

| 宛先： | □□□□様　； |
| 件名： | 打ち合わせのお礼 |

ファイルを添付　　URLでシェア

□□□　株式会社
営業部　□□□□様

いつもお世話になっております。
□□□商事・営業部の□□□です。

本日はご多忙のところ、弊社までご足労くださり、
誠にありがとうございました。

弊社の新規事業について□□様の率直なご意見をいただき
大変参考になりました。
心より感謝申し上げます。

今後、皆様のご意見をもとに、
本事業を改善させていただく所存です。
今後ともご指導、ご鞭撻を賜りますよう
よろしくお願いいたします。

まずは、取り急ぎメールにてお礼申し上げます。

署名

02_인사 메일

- 인사 메일 작성법

- 인사 메일이 사용되는 상황 및 작성 시 주의점을 익힐 수 있다.
- 구체적인 예시를 통해 인사 메일 작성법을 익힐 수 있다.

[1] 인사 메일

1) 인사 메일

(1) 인사 메일(挨拶(あいさつ)メール)이란 무엇인가?

- 신사옥 이전, 신입, 부임, 이동 등 회사와 개인의 변화가 있다는 것을 알리는 의례적 메일.

(2) 인사 메일 작성 시 주의점

- 내용은 서두(평소에 신세지는 것에 대한 감사) – 전달 사항(이전, 이동, 부임 등) – 평소의 감사, 앞으로의 포부, 지속적인 관계 희망의 순서로 구성한다.
- 메일을 보내는 타이밍을 배려한다.
  - 업무개시 직후

(3) 인사 메일의 종류

就職の挨拶(취직 인사)   転勤の挨拶(전근 인사)

着任の挨拶(부임 인사)　　　　休職の挨拶(휴직 인사)

退社の挨拶(퇴사 인사)　　　　定年退社の挨拶(정년퇴직 인사)

担当者交代の挨拶(담당자 교대 인사) 人事異動の挨拶(인사이동 인사)

独立開業の挨拶(독립 창업 인사)　新店舗開店の挨拶(신규점포 개점 인사)

廃業の挨拶(폐업 인사)　　　　社屋移転の挨拶(사옥 이전 인사)

支社開設の挨拶(지사 개설 인사)

2) 인사 메일의 예(지점 이전 인사)

(1) 메일 작성의 흐름 및 포인트

- 지점 이전을 안내한다.

- 감사의 말을 한다.

- 다짐, 포부의 말을 한다.

(2) 제목

- 支店移転のご挨拶

(3) 메일 전체 내용

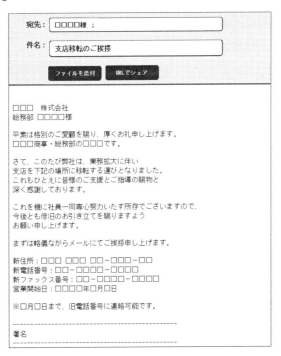

(4) 메일 본문 내용 확인

さて、このたび弊社は、業務拡大に伴い支店を下記の場所に移転する運びとなりました。(그런데 이번에 저희 회사는 업무 확대에 따라 지점을 아래의 장소로 이전하게 되었습니다.)

- 작성 포인트: 지점 이전 안내를 한다.
- 業務拡大(ぎょうむかくだい): 업무 확대
- ~に伴(ともな)い: ~에 따라
- ~運(はこ)びとなる:「~こととなる」

これもひとえに皆様のご支援とご指導の賜物と深く感謝しております。(이 또한 전적으로 여러분의 지원과 지도 덕택으로 깊이 감사드리고 있습니다.)

- 작성 포인트: 발전에 대한 감사를 전한다.
- ひとえに: 전적으로, 오로지「もっぱら」
- 賜物(たまもの): 하사품, 덕택

これを機に社員一同専心努力いたす所存でございますので、今後とも倍旧のお引き立てを賜りますようお願い申し上げます。(이를 계기로 사원 일동 전심으로 노력할 생각이므로 앞으로도 배전의 성원을 해 주시기를 부탁드리겠습니다.)

- 작성 포인트: 다짐, 포부의 말을 한다.
- これを機(き)に: 이를 계기로
- 専心(せんしん): 전심으로, 전념하여 노력하다
- 倍旧(ばいきゅう): 배구, 배전「以前にも増(ま)して」

まずは略儀ながらメールにてご挨拶申し上げます。(우선은 약식이지만 메일로 인사 드립니다.)

- 작성 포인트: 맺음말

新住所: ……… (새 주소)
新電話番号: ……… (새 전화번호)
新ファックス番号: ……… (새 팩스 번호)

営業開始日: ……… (영업 개시일)

- 작성 포인트: 지점 이전 정보를 개조식으로 작성한다.

※ □月□日まで、旧電話番号に連絡可能です。(□월 □일까지 구 전화번호로 연락 가능합니다.)

- 작성 포인트: 부기로 과거 전화번호 사용기한을 안내
- 旧(きゅう)－: 구, 과거

3) 인사 메일에 쓰이는 문구

(1) 이동, 전출

- 「~に異動(いどう)しました」(~로 이동하였습니다)
- 「~に配属(はいぞく)されました」(~에 배속되었습니다)
- 「~へ転出(てんしゅつ)いたしました」(~로 전출가게 되었습니다)
- 「~勤務(きんむ)となりました」(~에 근무하게 되었습니다)
- 「~に命(めい)ぜられました」(~로 명 받았습니다)
- 「~の役(やく)を仰(おお)せつかりました」(~일을 하도록 분부받았습니다)

(2) 후임 소개 및 부탁

- 「後任(こうにん)には□□が担当(たんとう)させていただくことになりましたので」(후임으로는 □□가 담당하게 되어서)
- 「後任には□□が貴社を担当させていただくことになりました」(후임으로는 □□가 귀사를 담당하게 되었습니다)
- 「後任の担当者としまして、□□があたらせていただきますので」(후임 담당자로 □□가 지명되어서)
- 「後任には□□が就任(しゅうにん)いたしました」(후임으로는 □□가 취임하였습니다)
- 「私同様(どうよう)、よろしくお願い申し上げます」(저에게 해 주신 것처럼 잘 부탁드리겠습니다)
- 「ご指導(しどう)ご鞭撻(べんたつ)のほどお願い申し上げます」(지도편달을 부탁드리겠습니다)
- 「よろしくお引き回しのほど、お願い申し上げます」(잘 지도해 주시기를 부탁드리겠습니다)

(3) 전근, 부임
- 「~勤務を命ぜられ、このほど着任いたしました」(~근무를 명령받아 이번에 부임하였습니다)
- 「~勤務を命ぜられ、□月□日をもって同日(どうじつ)着任いたしました」(~근무를 명령받아 □월 □일 부로 부임하였습니다)
- 「□□の後を受け、~に就任いたしました」(□□의 뒤를 이어 ~로 취임하였습니다)
- 「私こと□□がご用命(ようめい)を承ることになりました」(저 □□가 분부를 받게 되었습니다)

(4) 이전
- 「下記へ移転いたしました」(아래와 같이 이전하였습니다)
- 「下記に移転することになりましたので、ご案内申し上げます」(아래와 같이 이전하게 되어서 안내 드립니다)
- 「下記へ移転する運(はこ)びとなりました」(아래와 같이 이전하게 되었습니다)
- 「下記の通り、移転・営業(えいぎょう)の運びとなりました」(아래와 같이 이전 영업하게 되었습니다)
- 「業務拡大(かくだい)に伴い」(업무 확대에 따라)
- 「業務の効率化(こうりつか)のため」(업무 효율화를 위해서)
- 「近(ちか)くにお越(こ)しの節(せつ)には、ぜひお立(た)ち寄(よ)りください」(근처에 오실 때에는 꼭 내방해 주십시오)
- 「ぜひ一度、足をお運びください」(꼭 한번 내방해 주십시오)

[2] 인사 메일 실습

1) 부임 인사
(1) 메일 제목
- 着任(ちゃくにん)のご挨拶(부임 인사)

(2) 인사 내용
- (서두 인사 후) 자기 소개: □월□일 부로 □□의 후임으로 영업부에 부임한 □□□

라고 합니다.

- **다짐**: 여러분에게 폐를 끼치지 않도록 인수인계에는 만전을 기하고 있지만 부족한 점이 있으면 무엇이든 지적해 주십시오.
- **방문희망 및 지도편달 부탁**: 조만간 별도로 인사드리러 찾아 뵙고자 합니다. 앞으로도 더욱 지도편달을 해 주시길 부탁드리겠습니다.
- **맺음말**: 메일로 죄송하지만 우선은 인사 드립니다.

(3) 인사 내용을 일본어로 하면
- □월 □일 부로 □□의 후임으로 영업부에 부임한 □□□라고 합니다.
  - ▶ □月□日付で、□□の後任として営業部に着任いたしました□□□と申します。

- 후임 ▶ 後任(こうにん)

  부임 ▶ 着任(ちゃくにん)

- 여러분에게 폐를 끼치지 않도록 인수인계에는 만전을 기하고 있지만 부족한 점이 있으면 무엇이든 지적해 주십시오.
  - ▶ 皆様にご迷惑をおかけすることのないよう、引き継ぎには万全を期しておりますが、至らない点がありましたら、何なりとご指摘ください。

- (인수)인계 ▶ 引(ひ)き継(つ)ぎ　cf. 引き受け

  만전을 기하다 ▶ 万全(ばんぜん)を期(き)する

  부족한 점 ▶ 至(いた)らない点(てん)

  무엇이든 ▶ 何(なん)なりと

  지적해 주십시오 ▶ ご指摘(してき)ください

- 조만간 별도로 인사 드리러 찾아 뵙고자 합니다. 앞으로도 더욱 지도편달을 해 주시길 부탁드리겠습니다.
  - ▶ 近日中に、改めてご挨拶に伺わせていただければと存じます。今後とも一層のご指導ご鞭撻を賜りますようお願い申し上げます。

- 별도로 ▶ 改(あらた)めて

  인사 드리러 찾아 뵙다 ▶ ご挨拶に伺う

  앞으로도 ▶ 今後とも

  더욱 ~한 ▶ 一層(いっそう)の~

지도편달 ▸ ご指導(しどう)ご鞭撻(べんたつ)

- 메일로 죄송하지만 우선은 인사 드립니다.
  ▸ メールにて恐縮ですが、まずはご挨拶申し上げます。

(4) 메일 예시

03_위문 메일

• 위문 메일 작성법

• 위문 메일이 사용되는 상황 및 작성 시 주의점을 익힐 수 있다.
• 구체적인 예시를 통해 위문 메일 작성법을 익힐 수 있다.

[1] 위문 메일

1) 위문 메일

(1) 위문 메일(お見舞(みま)いメール)이란 무엇인가?
  • 상대방의 병, 사고, 재해, 재난 등에 대해 위문의 말을 전하는 의례적 메일.

(2) 위문 메일 작성 시 주의점
  • 메일보다는 편지로 보내는 것이 일반적이다.
  • 즉각적인 송신이 필요하다.
  • 서두는 인사말을 생략하고 상대방의 일에 대해 놀랐다는 것을 전한다.
  • 내용은 짧게 보낸다. 상대방의 배려하는 말을 사용한다.
  • 위문 선물을 보낼 경우에 이를 적는다.

(3) 위문 메일의 종류
  病気のお見舞い(병문안)   火災のお見舞い(재해 위로)

工場事故のお見舞い(공장 사고 위로) 台風のお見舞い(태풍 피해 위로)

地震災害のお見舞い(지진 재해 위로) 交通事故のお見舞い(교통사고 위로)

2) 위문 메일의 예(재해·재난 위문)

(1) 메일 작성의 흐름 및 포인트

- (지진·태풍·화재) 피해가 있는 것을 알게 되어 놀랐음을 전달한다.
- 상대방의 안위에 대해서 걱정한다.
- 도움이 되었으면 함을 전달한다.

(2) 제목

- (地震・台風・火事)被害のお見舞

(3) 메일 전체 내용

宛先： □□□□様 ；

件名： (地震・台風・火事)被害のお見舞

ファイルを添付　URLでシェア

□□□　株式会社
営業部　□□□□様

□□□商事・営業部の□□□です。

報道にて御地の(地震・台風・火事)による被害が甚大であると知り、
大変驚いております。
心よりお見舞い申し上げます。

社員の皆様はご無事とのことで、ほっといたしましたが、
復旧には時間がかかると伺い、心配しております。

何かお困りのことがございましたら、
ご遠慮なくお申し付けください。
できるかぎりお力添えさせていただきます。

メールにて恐縮ですが、
取り急ぎお見舞い申しあげます。

署名
----

(4) 메일 본문 내용 확인

報道にて御地の(地震・台風・火事)による被害が甚大であると知り、大変驚い

ております。心よりお見舞い申し上げます。(보도로 그 지역의 (지진·태풍·화

재)에 의한 피해가 몹시 크다고 알게 되어 매우 놀랐습니다. 진심으로 위로의 말씀 드립니다.)

- 작성 포인트: (지진·태풍·화재) 피해가 있는 것을 알게 되어 놀람을 전한다.
- 御地(おんち): (상대방의) 지역
- 甚大(じんだい): 심대, 몹시 큼

社員の皆様はご無事とのことで、ほっといたしましたが、復旧には時間がかかると伺い、心配しております。(사원 여러분은 무사하다고 들어 안심하였지만 복구에는 시간이 걸린다고 들어 걱정하고 있습니다.)

- 작성 포인트: 상대방의 안위에 대해서 걱정한다.
- ほっとする: 안심하다
- 復旧(ふっきゅう): 복구

何かお困りのことがございましたら、ご遠慮なくお申し付けください。できるかぎりお力添えさせていただきます。(무엇이든 곤란한 점이 있으시다면 사양하지 말고 말씀해 주십시오. 할 수 있는 한 도움이 되어 드리겠습니다.)

- 작성 포인트: 도움이 되고자 함을 전한다.
- ご遠慮(えんりょ)なく: 사양하지 말고
- 申し付ける: 분부하다
- 力添(ちからぞ)え: 조력, 원조

メールにて恐縮ですが、取り急ぎお見舞い申しあげます。(메일로 죄송하지만 급히 위로의 말씀을 드립니다.)

3) 위문 메일에 쓰이는 문구

(1) 걱정, 위로
- 「(謹んで/心より)お見舞い申し上げます」((삼가/진심으로) 안부 인사 드립니다)
- 「お慰(なぐさ)めの言葉もありません」(뭐라고 위안을 드려야 할지 모르겠습니다)
- 「心よりご心配ご同情(どうじょう)申し上げます」(진심으로 걱정하고 동정합니다)

- 「(〜とのことで、)大変心配しております」((〜로) 매우 걱정하고 있습니다)
- 「〜はいかがと、一同案(あん)じております」(〜은 어떤지 모두가 걱정하고 있습니다)
- 「心よりご案じ申し上げております」(진심으로 걱정하고 있습니다)
- 「ご心痛(しんつう)のほどお察(さっ)しいたします」(마음 아프실 것이라 생각합니다)
- 「大変驚(おどろ)いております」(크게 놀랐습니다)
- 「只々(ただただ)、驚くばかりです」(그저 놀랄 따름입니다)
- 「何かとご苦労のことと、拝察(はいさつ)いたします」(여러 가지로 고생하시리라 짐작됩니다)

(2) 몸 회복, 복구
- 「この際(さい)、十分に静養(せいよう)をなさって」(이번에 충분히 정양을 하시고)
- 「ここしばらくは加療(かりょう)に専念され」(한동안은 치료에 전념하시어)
- 「一日(いちにち)も早く(ご回復を/全快(ぜんかい)されますよう、/お元気なお顔を拝見(はいけん)できますよう)お祈(いの)り申し上げます」(하루라도 빨리 (회복/완쾌하시도록 / 건강한 얼굴을 뵐 수 있도록) 기원합니다)
- 「一日も早いご復旧(ふっきゅう)をお祈り申し上げます」(하루라도 빨리 복구되기를 기원합니다)
- 「ご自愛(じあい)のほどお祈りしております」(몸조심하시기를 빕니다)
- 「ご養生(ようじょう)のほど念(ねん)じております」(몸조리 잘 하시기를 기원하고 있습니다)

[2] 위문 메일 실습

1) 병문안 메일
(1) 메일 제목
- お見舞い申し上げます。(안부 인사 드립니다.)

(2) 위문 내용

- **아프다는 소식을 듣고 걱정함**: 입원하셨다고 들어 매우 놀랐습니다. 병세는 어떠신지요. 매우 걱정입니다. 진심으로 위로의 말씀드립니다.
- **회복 기원**: 아무쪼록 무리를 하지 마시고 완전히 아프신 곳 치료하시고 하루라도 빨리 완쾌하시기를 진심으로 기원합니다.
- **병문안 선물 보냄**: 빨리 병문안을 가야 할 상황이지만 오히려 폐가 되어서는 안 된다고 생각하여 변변찮은 병문안 선물을 보냈습니다.
- **맺음말**: 메일로 죄송하지만 우선은 서둘러 위로의 말씀드립니다.

(3) 위문 내용을 일본어로 하면

- 입원하셨다고 들어 매우 놀랐습니다. 병세는 어떠신지요. 매우 걱정입니다. 진심으로 위로의 말씀드립니다.
  - ▶ ご入院なさったと伺い、大変驚いております。その後、ご病状はいかがでしょうか。とても心配です。心からお見舞い申し上げます。
- 입원하셨다 ▶ ご入院なさった

  병세 ▶ 病状(びょうじょう)
- 아무쪼록 무리를 하지 마시고 완전히 아프신 곳 치료하시고 하루라도 빨리 완쾌하시기를 진심으로 기원합니다.
  - ▶ どうか無理をなさらずに、十分にご加療の上、一日も早くご全快なさいますよう心よりお祈り申し上げます。
- 무리를 하시다 ▶ 無理をなさる

  ~지 않고 ▶ ~ずに「~ないで」

  아픈 곳을 치료함 ▶ 加療(かりょう)

  하루라도 빨리 ▶ 一日も早く

  완쾌 ▶ 全快(ぜんかい)
- 빨리 병문안을 가야 할 상황이지만 오히려 폐가 되어서는 안된다고 생각하여 변변찮은 병문안 선물을 보냈습니다.
  - ▶ さっそくお見舞いにうかがうべきところではありますが、かえってご迷惑をかけてはと存じ、心ばかりのお見舞いの品をお送りいたしました。
- ~해야 할 상황이다 ▶ ~べきところだ

오히려 ▶ かえって

변변찮은 ▶ 心ばかりの

병문안 선물 ▶ お見舞いの品(しな)

- 메일로 죄송하지만 우선은 서둘러 위로의 말씀드립니다.

  ▶ メールにて恐縮ですが、まずは取り急ぎお見舞い申し上げます。

(4) 메일 예시

宛先： □□□□様 ；

件名： お見舞い申し上げます。

ファイルを添付　　URLでシェア

□□□　株式会社
営業部　□□□□様

いつもお世話になっております。
□□□商事・営業部の□□□です。

ご入院なさったと伺い、大変驚いております。
その後、ご病状はいかがでしょうか。とても心配です。
心からお見舞い申し上げます。

どうか無理をなさらずに、十分にご加療の上、
一日も早くご全快なさいますよう
心よりお祈り申し上げます。

さっそくお見舞いにうかがうべきところではありますが、
かえってご迷惑をかけてはと存じ、
心ばかりのお見舞いの品をお送りいたしました。

メールにて恐縮ですが、
まずは取り急ぎお見舞い申し上げます。

署名

04_학습정리

1) 감사 메일: 의례적 메일①

- 상대방에게 감사의 마음을 전하는 메일
- 메일은 가급적이면 빨리 보냄
- 무엇에 대해 감사하는가를 구체적으로 적음
- 감사 메일의 종류

  打合せのお礼, 契約成立のお礼, 注文のお礼, 新規取引先紹介のお礼, 名刺交換のお礼, 贈り物へのお礼, お歳暮に対するお礼, お中元に対するお礼, お土産のお礼, 助言に対するお礼, 訪問のお礼, 接待してもらったお礼

- 감사 메일에 쓰이는 문구
  - 감사의 말

    「誠にありがとうございます」「心より感謝申し上げます」「感謝申し上げる次第です」「深謝(しんしゃ)いた(します/しております)」「(厚く/重かさねて)お礼申し上げます」「ありがたくお礼申し上げます」「感謝の念に堪(た)えません」

  - 감사 말 앞에 사용

    「おかげさまで」「おかげさまをもちまして」「ご愛顧(あいこ)いただき」「お世話(せわ)になり」「ご尽力(じんりょく)いただき」「いつもお心にかけていただき」「日ごろから細やかなご配慮(はいりょ)をいただき」「お骨折(ほねおり)に」

  - 감사 & 미안함

    「お手を煩(わずら)わせてしまいまして申し訳ございません」「ご面倒(めんどう)をおかけしました」「恐れ入ります」「誠に恐縮でございます」「痛(いた)み入ります」

2) 인사 메일: 의례적 메일②

- 사옥 이전, 신입, 부임, 이동 등 회사와 개인의 변화가 있다는 것을 알리는 메일
- 내용은 서두(평소에 신세지는 것에 대한 감사) – 전달사항(이전, 이동, 부임 등) – 평소의 감사, 앞으로의 포부, 지속적인 관계 희망 의 순서로 구성
- 메일 송신 타이밍: 업무개시 직후
- 인사 메일의 종류

    就職の挨拶, 転勤の挨拶, 着任の挨拶, 休職の挨拶, 退社の挨拶, 定年退社の挨拶, 担当者交代の挨拶, 人事異動の挨拶, 独立開業の挨拶, 新店舗開店の挨拶, 廃業の挨拶, 社屋移転の挨拶, 支社開設の挨拶

- 인사 메일에 쓰이는 문구
    - 이동, 전출

        「～に異動(いどう)しました」「～に配属(はいぞく)されました」「～へ転出(てんしゅつ)いたしました」「～勤務(きんむ)となりました」「～に命(めい)ぜられました」「～の役(やく)を仰(おお)せつかりました」

    - 후임 소개 및 부탁

        「後任(こうにん)には□□が担当(たんとう)させていただくことになりましたので」「後任には□□が貴社を担当させていただくことになりました」「後任の担当者としまして、□□があたらせていただきますので」「後任には□□が就任(しゅうにん)いたしました」「私同様(どうよう)、よろしくお願い申し上げます」「ご指導(しどう)ご鞭撻(べんたつ)のほどお願い申し上げます」「よろしくお引き回しのほど、お願い申し上げます」

    - 전근, 부임

        「～勤務を命ぜられ、このほど着任いたしました」「～勤務を命ぜられ、□月□日をもって同日(どうじつ)着任いたしました」「□□の後を受け、～に就任いたしました」「私こと□□がご用命(ようめい)を承ることになりました」

    - 이전

        「下記へ移転いたしました」「下記に移転することになりましたので、ご案内申し上げます」「下記へ移転する運(はこ)びとなりました」「下記の通り、移転・営業(えいぎょう)の運びとなりました」「業務拡大(かくだい)に伴い」「業務の効率化(こうりつか)のため」「近(ちか)くにお越(こ)しの節(せつ)には、ぜひお立

(た)ち寄(よ)りください」「ぜひ一度、足をお運びください」

3) 위문 메일: 의례적 메일③

- 상대방의 병, 사고, 재해, 재난 등에 대해 위문의 말을 전하는 메일
- 메일보다는 편지로, 즉각적인 송신
- 서두는 인사말을 생략하고 상대방의 일에 대해 놀랐다는 것을 전함
- 내용은 짧게. 상대방의 배려하는 말 사용
- 위문 메일의 종류

  病気のお見舞い, 火災のお見舞い, 工場事故のお見舞い, 台風のお見舞い, 地震災害の
  お見舞い, 交通事故のお見舞い
- 위문 메일에 쓰이는 문구
  - 걱정, 위로

    「(謹んで/心より)お見舞い申し上げます」「お慰(なぐさ)めの言葉もありません」「心
    よりご心配ご同情(どうじょう)申し上げます」「(~とのことで、)大変心配して
    おります」「~はいかがと、一同案(あん)じております」「心よりご案じ申し上
    げております」「ご心痛(しんつう)のほどお察(さっ)しいたします」「大変驚(お
    どろ)いております」「只々(ただただ)、驚くばかりです」「何かとご苦労のこと
    と、拝察(はいさつ)いたします」
  - 몸 회복, 복구

    「この際(さい)、十分に静養(せいよう)をなさって」「ここしばらくは加療(か
    りょう)に専念され」「(一日(いちにち)も早く(ご回復を/全快(ぜんかい)されます
    よう、/お元気なお顔を拝見(はいけん)できますよう)お祈りのり申し上げます」
    「一日も早いご復旧(ふっきゅう)をお祈り申し上げます」「ご自愛(じあい)のほど
    お祈りしております」「ご養生(ようじょう)のほど念(ねん)じております。」

Q 다음 내용을 보고 메일 제목과 본문을 써 봅시다.

수신인: 株式会社□□　野口様

발신인: 株式会社□□□　□□□(자신의 이름)

목적: 연말인사. 1년동안 신세짐에 감사와 내년에도 잘 부탁함. 연말 영업 종료일
　　　(12월 30일)과 신년 영업 개시일(1월 4일)을 알림.

宛先:

件名 :

ファイル添付　　URLでシェア

‖ 참고 ‖

- 年末　연말
- 本年も残りわずかとなりました
  올해도 얼마 남지 않았습니다
- 1年間大変お世話になり、誠にありがとうご
  ざいました　1년간 크게 신세져서 진심으로
  감사인사드립니다
- 　来年も引き続きお力添えいただきますよう
  お願いいたします　내년도 계속하여 힘이 되
  어 주시기를 부탁드리겠습니다

- 仕事納(しごとおさ)め　종무
- 営業　영업
- 開始　개시
- どうぞ良いお年をお迎えください
  새해 복 많이 받으세요

실전 문제 정답

Q1　(1) 구어체: 台風が全然来ない。

　　　　　문어체: 台風がまったく来ない。

　　　(2) 구어체: 授業は全部終わった。

　　　　　문어체: 授業はすべて終わった。

　　　(3) 구어체: 彼は一番信頼できる人だ。

　　　　　문어체: 彼は最も信頼できる人だ。

　　　(4) 구어체: とても興味深い話だった。

　　　　　문어체: 大変興味深い話だった。

Q2　(1) このバッグ、持っていって。

　　　(2) このバッグ、持っていて。

　　　(3) 勉強は楽しくなければ続かない。

　　　(4) 今日は学校を休んでしまおう。

　　　(5) 17歳では、お酒は飲んではだめ。

　　　(6) 明日のために買い物をしておこう。

　　　(7) ご飯を奢ってあげる。

　　　(8) 先輩から奢ってと言われた。

Q3　(1) (a)−(サ)や / (b)−(ス)など / (c)−(エ)まったく

　　　(2) (a)−(ア)少し / (b)−(セ)のようだ / (c)−(ウ)が / (d)−(チ)非常に

　　　(3) (a)−(コ)様々な / (b)−(ク)なければ / (c)−(ケ)ならない / (d)−(ソ)多く

　　　(4) (a)−(オ)最も / (b)−(キ)やはり / (c)−(イ)のだ

　　　(5) (a)−(カ)なぜ / (b)−(タ)あちら / (c)−(シ)ては / (d)−(ツ)分からない

Q4　(1) 集まり

　　　(2) 暖かく

　　　(3) せずに

　　　(4) 行かず(に)

　　　(5) ており

　　　(6) ておらず

　　　(7) であり, である

제2과 구두법, 건강 관련 어휘

Q1　(1) この地方の名産物は、ぶどう、りんご、すいかだ。

　　　　　この地方の名産物は、ぶどう・りんご・すいかだ。

　　　(2) 先生は「今はわからなくてもいい」と言った。

(3) 彼は「止まれ」と言った。すると、車の動きが止まった。

(4) 弟が、沖縄旅行から帰ってきた友人にもらったお土産を分けてくれた。

(5) 黒沢明は、『羅生門』『七人の侍』など30本の監督作品を生み出し、アカデミー賞を受賞した映画監督である。

(6) 今日も暑い中、学校にサッカーの練習に行った。

Q2 (1) 最近の子どもたちがいちばん嫌いな野菜は、ピーマンではなくてトマトだそうだ。

(2) 弟は、ワールドカップに出場して得点王になった選手に似ている。

(3) 筋肉痛によく効く薬を買ってみたが、全然効果がなかった。

(4) 彼女が探していた、死んだ父の形見は( )弟が持っていたそうだ。

Q3 (1) ハチに刺されて、右手がはれた。

(2) 肝臓がんは、中年男性の死亡原因の(第)1位に挙げられるという。

(3) 肝臓がんは、長期間に渡るお酒の飲み過ぎによってかかるケースより、B型慢性肝炎やC型慢性肝炎が原因でかかるケースの方が12倍も多いという。肝臓がんは、長期間に渡る飲み過ぎが原因であるケースより、B型慢性肝炎やC型慢性肝炎が原因であるケースが12倍も多いそうだ。

(4) 子供の頃は、体の具合が悪いことが多かった。

(5) 大学生のうつ(病){にかかる/になる}最大の原因は、激しい競争のせいである。

(6) 毎年、認知症の患者が{増えている/増加している}。

(7) 胃がもたれて医者に胃薬を処方してもらった。

(8) 各地でインフルエンザが猛威をふるっている。

(9) 芸能人がパニック障害になりやすい理由の一つとして不規則な生活が挙げられる。

Q4 (1) 定年退職する日まであと何日かを数えてみた。

(2) クラスの子どもたちは、学級委員長にチョルスを選んだ。

(3) 専門家たちは、韓国の懸案として政治や経済の問題を挙げた。

(4) 祇園祭は、日本三大祭りの一つに数えられる。

(5) ほどけないように靴ひもをしっかりと結んだ。

(6) 各種規制が緩和され、銀行からの融資がさらに受けやすくなった。

(7) 長旅の疲れが取れた。

(8) 天気予報によると、明日は暖かくなるそうだ。

제3과 접속사, 경제 관련 어휘

Q1 (1)-E 野村君は志望校に合格した。(オ)しかも、首席合格したそうだ。

(2)-D 高級メロンを買って食べてみた。(イ)しかし、あまりおいしくなかった。

(3)-B 息子は毎日遊んでばかりいた。(ア)それで、夫が息子をしかったのだ。

(4)-A パンを2つ。(エ)そして、紅茶も2つお願いね。

(5)-C 彼は退学の手続きをしたそうだ。(ウ)つまり、もう学校には来ないだろう。

Q2 (1) そして/また/しかも/それに/そのうえ

(2) ただし

(3) (A) まず/はじめに/最初に (B) つぎに/つづいて (C) さらに/そして/最後に

(4) なぜなら

(5) すると

Q3 (1) 他の銀行に振り込みをする場合も手数料がかからない。

(2) 米国が利上げを発表したにもかかわらず、国際金融市場は動揺しなかった。

(3) 暗証番号を忘れたので、お金が下ろせない。

(4) 分割払いでデジタル一眼レフを買った。

(5) ヤミ金を使うと、利子が雪だるま式にふくれ上がった。

(6) 今年から年末調整の書類の作成が一段と楽になりそうだ。

(7) 銀行の貸し付けを利用する。 / 銀行から融資を受ける。 / 銀行から借り入れをする。 / 銀行のローンを利用する。

(8) ウォン安によって、韓国を訪れる外国人観光客数が大幅に増えている。

(9) そのヤミ金は暴力団のマネーロンダリングに関与した容疑がある。

Q4 (1) 学校を休んで、父の仕事を手伝っている。

(2) この薬は消化を{促す/助ける}効果がある。

(3) 乾電池を新しいのに{取りかえた/交換した}。

(4) 千円札を小銭に{両替して/替えて/崩して}もらえませんか。

(5) 迷子の子どもが家族をさがしています。

(6) 子どもは待合室で母親を{見つけるやいなや/見つけたとたん}大声で泣き出した。

(7) 会社についての詳細は、インターネットで検索してください。

(8) 失った名誉を回復するというのはそう簡単なことではない。

제4과 지시표현, 환경 관련 어휘

Q1 (1) これ

(2) それ

(3) あの

(4) ここ

Q2 (1) この/その

(2) この

(3) それ

(4) この

(5) その

(6) これ

Q3　(1) 気候変動の影響で、ひどい干ばつに苦しめられている。

　　(2) 野生動物は、密猟により絶滅の危機に瀕している。

　　(3) 発がん物質であるアスベストの使用は、2009年から全面的に{禁止されている/禁じられている}。

　　(4) 全室消灯スイッチを使うことによって、省エネ効果を高める。

　　(5) 気候変動の原因として温室効果ガスが挙げられている。

　　(6) 化粧品市場で、オーガニック{コスメ/化粧品}が新しいトレンドとして浮上している。

　　(7) 渡り鳥は常に群れを成して生活する。

　　(8) A社は韓国で初めてエコカーに使われる部品を開発した。

Q4　(1) いくら考えても、その人の名前を思い出せなかった。

　　(2) 強豪であるA高校の敗退によってライバルチームであるB高校が優勝候補として浮上した。

　　(3) 資料調査を終えた後、分析作業に{取りかかる/入る}予定だ。

　　(4) この地域に鉄道が{通る/敷かれる}といううわさがある。

　　(5) 今度は私が彼と同じような状況に追い込まれた。

　　(6) 正月は一日中甥っ子や姪っ子の相手をさせられた。

　　(7) 医者は、苦しむ患者に鎮痛剤を{投与した/打った}。

　　(8) 現代人は、過度のストレスによって様々な病に苦しめられている。

제5과 「もの・こと・の」, 여가 관련 어휘

Q1　(1) こと

　　(2) もの

　　(3) もの

　　(4) 部員のこと

Q2　(1) の

　　(2) こと

　　(3) こと

　　(4) の

　　(5) の/こと

　　(6) こと

Q3　(1) 両チームは1回戦に続き2回戦でもまた引き分けとなった。

　　(2) ブラジルは準決勝戦で終了間際、相手チームのディフェンスのオウンゴールで勝つことができた。

　　(3) 彼は{運動着/ジャージ}に着替えるために更衣室に入った。

　　(4) PM2.5のひどい季節になると、{フィットネスクラブ/ジム}の利用者が増える。

　　(5) ネットを通じて前売りチケットを買うことができる。

　　(6) A氏は交通事故のせいで番組から降板することになった。

　　(7) 映画は来年の上半期に公開される予定だ。

(8) 見たかった映画のチケットが売り切れていたので、他の映画を見るしかなかった。

Q4　(1) 夢はきっと{実現するはずだ/叶うだろう}。

(2) 明日までにマンションの残金を支払わなければならない。

(3) 社長の判断ミスが会社の倒産という結果を招いた。

(4) これから一生かけてこの罪を償っていくのでどうか許してください。

(5) 学校の大講堂でスピーチ大会が開かれる/開催される。

(6) {今なら/この時間なら}薬局も開いているだろう。

(7) 米朝首脳会談は、合意が結ばれることなく打ち切りとなった。

(8) 問題を読み上げるので、書き取りなさい。

제6과 경어, 가정생활 관련 어휘

Q1　(1) 召し上がりますか

(2) お会いできて

(3) ご紹介いたします/紹介させていただきます

(4) おかけになった

Q2　(1) お手伝いになる→お手伝いする

(2) お帰りします→おいとまします

(3) お搭乗できません→ご搭乗になれません

(4) 訪ねます→まいります・うかがいます

(5) 拝見したい→お目にかかりたい

(6) です→でございます

Q3　(1) 休みになると、少年は母方の祖母に会いに行った。

(2) 私は、6歳と3歳の子どもがいる主婦である。

(3) {おい/めい}は、もう大学に入る年になった。

(4) 生ごみは、私たちの食べ残し(たもの)がほとんどだ。

(5) 使い捨てのペットボトルに入ったミネラルウォーターの代わりに、水道水を飲む。

(6) 公共料金とは、電気、ガス、水道を使用した後に支払う料金のことである。

(7) L社は洗濯機、食器洗い機などの白物家電部門で、北米市場{トップのメーカーである/ でトップの
シェアを占める}。

(8) リサイクルできるのにもかかわらず、そのまま捨てられるものも多い。

Q4　(1) 彼は飲酒運転による事故を見逃してもらうために警察にわいろを渡した。

(2) やけどをした彼の全身は、包帯で覆われていた。

(3) 彼は逆境に立たされても、希望を失わなかった。

(4) 無駄遣い(する習慣)を止めた。

(5) 泥水のせいで、新しい服を駄目にしてしまった。

(6) 一歳でも若いうちに、挑戦しないといけない。

(7) {おびえている/怖がっている}犬がかわいそう{に思えた/だった}。

(8) *海苔が水分を吸って、しけてしまった。

제7과 엔트리시트 작성

이번 과의 실전 문제는 정답이 없습니다. 자신을 어필하는 글을 써 봅시다.

제8과 비즈니스 문서와 메일 작성의 기본

Q1 ④ 案内状

해설: 인사장(あいさつ状), 안내장(案内状), 초대장(招待状), 답례장(礼状)은 의례문서에 속한다.

Q2 ② (株)山田商事

해설: 상대방 회사명을 적을 때 주식회사는 약식기호 「(株)」가 아닌 정식명칭 「株式会社」를 써야 한다.

Q3 ① 立春の候

해설: ①은 2월의 계절인사이다. 「時下」는 연중 어느 때나 쓸 수 있는 계절인사이다.

Q4 時下、貴社いっそうご発展の由大慶に存じます。日頃は一方ならぬご愛顧をいただき心からお礼申し上げます。

해설: 전문 인사말은 계절인사 – 안부인사 – 감사인사의 순서로 구성된다.

Q5 末筆ながら皆様のご健勝を心からお祈り申し上げます。

Q6 ④ ご無沙汰しております。

해설: ①은 일반적인 서두 인사이지만 오랜만에 상대에게 보낼 때에는 어색할 수 있다.

②는 비즈니스 메일에 어울리지 않는 인사다. ③은 처음 연락하는 상대에 사용하는 서두 인사이다.

제9과 통지·안내 메일

件名: 創立10周年記念行事のご案内

本文:

株式会社□□

白井様

株式会社□□□の□□□です。

平素より弊社製品をご愛顧いただき、誠にありがとうございます。

さて、弊社は来る5月16日を持ちまして、

創立10周年を迎えることと相成りました。

これもひとえに皆様のご指導・ご鞭撻の賜物と、
ここに衷心よりお礼申し上げます。

つきましては、皆様への感謝の意を表すべく、
創立10周年記念式典を開催したく存じます。

日時: ５月１６日　午後１時～３時
場所: □□ホテル　２階　Ａホール

なお、ご不明の点、お問合せ等ございましたら、私□□□までお願いいたします。

————————————————
署名
————————————————

제10과 의뢰·문의·확인 메일

件名:「□□」カタログ送付のお願い
本文:
株式会社□□
黒田様

大変ご無沙汰しております。
株式会社□□□の□□□です。

さて、このたび新聞記事にて
貴社の新製品「□□」を拝見いたしました。
その詳細をぜひ教えていただきたく存じます。

つきましては、「□□」のカタログを
ご送付いただきますようお願い申し上げます。

お忙しい中、お手数をおかけいたしますが、
なにとぞよろしくお願い申し上げます。

————————————————
署名
————————————————

제11과 승낙·거절·회답 메일

件名: 追加注文について
本文:
株式会社□□
北野様

いつもお世話になっております。
株式会社□□□の□□□です。

追加注文の件、誠にありがとうございます。
しかしながら、あいにく現在品切れとなっており、
貴社のご要望には沿うことができませんこと、
深くお詫び申し上げます。

弊社の事情によりご迷惑をおかけいたしまして申し訳ございません。
なにとぞ、お許しくださいますようにお願い申し上げます。

まずは、取り急ぎお詫びかたがたご連絡いたします。

＿＿＿＿＿＿＿＿＿＿＿＿＿＿＿＿＿＿
署名
＿＿＿＿＿＿＿＿＿＿＿＿＿＿＿＿＿＿

제12과 사과·항의·독촉 메일

件名: 見積書のお返事についてのお詫び
本文:
株式会社□□
白井様

いつもお世話になっております。
株式会社□□□の□□□です。

さっそくですが、見積書の件、お返事が遅くなり、
誠に申し訳ございません。

返信のメールを下書きしたまま失念しておりました。
ご心配をおかけして、心苦しく存じております。

見積は額面通りで進めていただければと存じますので
どうぞよろしくお願いいたします。

まずは取り急ぎお詫び申し上げます。

—————————————————————
署名
—————————————————————

제13과 감사·인사·위문 메일

件名: 年末のご挨拶
本文:
株式会社□□
野口様

いつもお世話になっております。
株式会社□□□の□□□です。

本年も残りわずかとなりました。
野口様には1年間大変お世話になり、誠にありがとうございました。
来年も引き続きお力添えいただきますようお願いいたします。

弊社は12月30日で仕事納めとなります。
新年は、1月4日から営業を開始いたします。

どうぞ良いお年をお迎えください。
新年もよろしくお願いいたします。

—————————————————————
署名
—————————————————————

저자 약력

∥손범기

한국외국어대학교 일본어과 졸업
한국외국어대학교 대학원 일어일문학과 졸업(석사)
일본 문부과학성 초청 국비유학생으로 도일
일본 도쿄대학 대학원 총합문화연구과 언어정보과학전공 졸업(박사)
숭실대학교 일어일문학과 교수
현) 사이버한국외국어대학교 일본어학부 교수

실용 일본어 작문과
비즈니스 일본어 문서작성

초 판 인 쇄	2022년 07월 20일
초 판 발 행	2022년 07월 30일
저　　　자	손 범 기
발 행 인	윤 석 현
발 행 처	제이앤씨
책 임 편 집	최 인 노
등 록 번 호	제7-220호
우 편 주 소	서울시 도봉구 우이천로 353
대 표 전 화	02) 992 / 3253
전　　　송	02) 991 / 1285
전 자 우 편	jncbook@hanmail.net

ⓒ 손범기 2022 Printed in KOREA.

ISBN 979-11-5917-218-2　13730　　　　　　　　　정가 22,000원